Grammatik Russisch
kurz & bündig

von
Renate und Nikolai Babiel

W0049338

Ernst Klett Verlag
Stuttgart · Düsseldorf · Leipzig

PONS
Grammatik Russisch
kurz & bündig

von Renate und Nikolai Babiel

Dieses Werk ist inhaltlich identisch mit:
Grammatik Russisch kurz & bündig, ISBN 3-12-560629-2.

1. Auflage A1 4 3 2   I 2002 2001

© Ernst Klett Verlag GmbH, Stuttgart 2000
Internetadresse: http://www.pons.de
e-mail: info@pons.de
Alle Rechte vorbehalten.

Redaktion: Dr. Andreas Cyffka
Zeichnungen: Marina Sinjeokov, Wehrheim
Einbandgestaltung: Erwin Poell, Heidelberg;
Metzger & Schmidt (Designbüro MESCH), Mannheim
Layout/Satz: Fotosatz Kaufmann, Stuttgart
Druck: Druckerei zu Altenburg, Altenburg
Printed in Germany.
ISBN 3-12-560882-1

So benutzen Sie dieses Buch

Abkürzungen und Symbole

akk	Akkusativ	*nt*	Neutrum (sächlich)
dat	Dativ	*pers*	Person
d. h.	das heißt	*pf*	perfektiv
f	Femininum (weiblich)	*pl*	Plural
gen	Genitiv	*präp*	Präpositiv
impf	imperfektiv	*sg*	Singular
inst	Instrumental	*usw.*	und so weiter
m	Maskulinum (männlich)	*z. B.*	zum Beispiel
nom	Nominativ		

✓, ✗, ☑ Anmerkung

§ Anmerkung: eine Ausnahme von der Regel, bzw. eine besonders komplizierte Regel

📖 Anmerkung: Verweis auf ein anderes Kapitel in der Grammatik

→ Verweis auf ein anderes Kapitel in der Grammatik, bzw. eine logische Verknüpfung

Sie wollen die Regeln der russischen Sprache auf einfache und verständliche Weise erlernen oder wiederholen, Sie möchten bei speziellen Fragen aber auch schnell und gezielt nachschlagen können.

Die **PONS Grammatik** Russisch kurz und bündig bietet Ihnen eine **übersichtliche Darstellung** der aktuellen russischen Sprache. Die **klar formulierten Regeln** werden durch zahlreiche Beispiele mit deutschen Übersetzungen veranschaulicht.

Die PONS Grammatik hilft Ihnen, **typische Fehler** zu umgehen, die gerade deutschsprachigen Russisch Lernenden häufig passieren.

Wenn Sie etwas gezielt nachschlagen möchten, führt Sie das ausführliche **Stichwortregister** im Anhang schnell zur richtigen Stelle. So wird die **PONS Grammatik** zu Ihrem wertvollen Begleiter beim Erlernen der russischen Sprache.

Viel Spaß und Erfolg!

Inhalt

1 Русский алфавит – Das russische Alphabet

Druck-schrift		Kursiv-schrift		Buchstaben-name	Aussprache der Buchstaben-namen
А	а	*А*	*а*	а	a
Б	б	*Б*	*б*	бэ	bä (ä dumpf und überall kurz)
В	в	*В*	*в*	вэ	wä
Г	г	*Г*	*г*	гэ	gä
Д	д	*Д*	*д*	дэ	dä
Е	е	*Е*	*е*	е	jä
Ё	ё	*Ё*	*ё*	ё	jo
Ж	ж	*Ж*	*ж*	жэ	schä (sch stimmhaft wie g in „Plantage")
З	з	*З*	*з*	зэ	sä (s stimmhaft wie s in Muse)
И	и	*И*	*и*	и	i
Й	й	*Й*	*й*	и кра́ткое	i kratkoje
К	к	*К*	*к*	ка	ka
Л	л	*Л*	*л*	эль	äl
М	м	*М*	*м*	эм	äm
Н	н	*Н*	*н*	эн	än
О	о	*О*	*о*	о	o
П	п	*П*	*п*	пэ	pä
Р	р	*Р*	*р*	эр	är (r mit der Zungenspitze gerollt)
С	с	*С*	*с*	эс	äs (s stimmlos wie s in Muße)
Т	т	*Т*	*т*	тэ	tä
У	у	*У*	*у*	у	u
Ф	ф	*Ф*	*ф*	эф	äf
Х	х	*Х*	*х*	ха	cha
Ц	ц	*Ц*	*ц*	цэ	tsä
Ч	ч	*Ч*	*ч*	че	tschä
Ш	ш	*Ш*	*ш*	ша	scha
Щ	щ	*Щ*	*щ*	ща	scha (Zischlaut, „weich" und länger als ш)
	ъ		*ъ*	твёрдый знак	twjordyj snak, hartes Zeichen
	ы		*ы*	ы	ü mit Lippenstellung wie bei deutschem i
	ь		*ь*	мя́гкий знак	mjachkij snak, weiches Zeichen
Э	э	*Э*	*э*	э	ä
Ю	ю	*Ю*	*ю*	ю	ju
Я	я	*Я*	*я*	я	ja

2 Правописание – Rechtschreibung

Im Russischen gibt es sehr viele Rechtschreibregeln, deren Aufzählung den Rahmen dieser Grammatik sprengen würde. Da man Russisch als Fremdsprache in der Regel auf der Basis der Schriftsprache lernt, ist es am einfachsten, sich gleich von Anfang an die richtige Schreibweise der Wörter anzueignen. Unten finden Sie einige Regeln, die die gröbsten Fehler vermeiden helfen.

2.1 Groß- und Kleinschreibung

– Wie im Deutschen fängt jeder Satz im Russischen mit einem Großbuchstaben an und endet mit einem Punkt. Russische Substantive werden nur am Satzanfang großgeschrieben.

– Personennamen werden großgeschrieben, z. B. Vor-, Vaters- und Nachnamen:

Никола́й Влади́мирович Nikolai Wladimirowitsch Murawjow Муравьёв

– Wenn Eigennamen (geographische Namen, Theater, Museen etc.) aus zwei oder mehreren Wörtern bestehen, schreibt man in der Regel nur das (erste) Wort groß, das diesen Namen näher identifiziert:

Большо́й теа́тр	Bolschoi-Theater
Истори́ческий музе́й	Historisches Museum
Госуда́рственный истори́ческий музе́й	Staatliches Historisches Museum

– In einigen Wortverbindungen, die einen besonders offiziellen Charakter haben, werden alle Wörter großgeschrieben, z. B.:

Президе́нт Росси́йской Федера́ции   der Präsident der Russischen Föderation

2.2 Vokale nach ж, ч, ш, щ / г, к, х / ц

– Nach den Zischlauten ж, ч, ш, щ sowie nach г, к, х schreibt man immer и, у, а (und nicht ы, ю, я):

живо́т, чу́до, час, хи́трый   Bauch, Wunder, Stunde, schlau

Ausnahmen: Einige Fremdwörter wie z. B.:

жюри́, брошю́ра, парашю́т, кюве́т	Jury, Broschüre, Fallschirm, Straßengraben

– Nach ц schreibt man immer y, a (und nicht ю, я):

цара́пать, царь	kratzen, Zar

Ausnahmen: Einige Eigennamen ausländischer Herkunft wie z. B.: Цю́рих (Zürich).

– Nach ц sind sowohl и als auch ы möglich:

цирк, ци́фра, цыплёнок	Zirkus, Zahl, Küken

– Nach ц und den Zischlauten ж, ч, ш, щ schreibt man in betonter Position o, in unbetonter e:

гаражо́м – пля́жем, отцо́м – бра́тцем

2.3　Zeichensetzung

Die Unterschiede zwischen der deutschen und der russischen Zeichensetzung, die am häufigsten übersehen werden, bestehen im wesentlichen in folgenden Punkten:

– Satzteile, die durch die Konjunktionen **как ..., так и ...; ни ..., ни ...; или ..., или ...** eingeleitet werden, werden durch ein Komma getrennt. Die entsprechenden deutschen Konjunktionen werden dagegen nicht durch ein Komma getrennt:

Как ныря́ние, так и верхова́я езда́ сто́ят мно́го де́нег.	Sowohl Tauchen als auch Reiten kostet viel Geld.
Он сиди́т или до́ма, и́ли в библиоте́ке.	Er ist entweder zu Hause oder in der Bibliothek.
У него́ нет ни вре́мени, ни рабо́ты.	Er hat weder Geld noch Arbeit.

Aber in feststehenden Wendungen auch ohne Komma:

Он ни ры́ба ни мя́со.	Er ist weder Fisch noch Fleisch.

– Die direkte Rede wird im Russischen zusätzlich durch Gedankenstriche gekennzeichnet. Der Punkt steht in der direkten Rede nach dem Anführungszeichen. Ist die direkte Rede unterbrochen, so wird im Deutschen jeder Teil der direkten Rede in Anführungszeichen eingeschlossen, im Russischen wird dagegen die gesamte direkte Rede von Anführungszeichen eingeschlossen:

„Óчень жаль", – сказáл профéссор.

„Óчень жаль, – сказáл профéссор, – что я ничéм не могý помóчь Вам".

„Es tut mir Leid", sagte der Professor.

„Es tut mir Leid", sagte der Professor, „dass ich Ihnen nicht helfen kann."

3   Фонетика – Phonetik

Im Russischen werden die Laute im Unterschied zum Deutschen im hinteren Mund- / Rachenbereich artikuliert. Dadurch klingt die Sprache gutural und die Laute hören sich dumpfer an als im Deutschen. Die Hauptarbeit wird von der Zunge verrichtet, weniger durch Lippenbewegung und Öffnen des Mundes. Der Mund wird beim Sprechen tatsächlich kaum geöffnet, was zunächst schwerfällt, sich mit zunehmendem Training jedoch als sehr bequem erweist.

3.1   Weiche und harte Konsonanten

Eine deutsche Zunge dagegen muss allerhand dazulernen und sich in bisher ungeahnte Stellungen begeben, um russische Laute richtig zu artikulieren. Dies hängt u.a. mit der sogenannten „Weichheit" bzw. „Härte" russischer Konsonanten zusammen. Die harten russischen Laute bereiten der deutschen Zunge in der Regel wenig Schwierigkeiten. Folgende harte Konsonanten weichen von der deutschen Aussprache ab:

р	hart (und weich)	wird immer durch Vibration der Zungenspitze erzeugt
л	hart	klingt wie ein l im Englischen

к, п und т werden im Unterschied zum Deutschen nicht behaucht gesprochen.

Im Russischen existieren fast alle Konsonanten doppelt: in einer harten Version, die zumeist der deutschen Aussprache gleicht, sowie in einer weichen Version. Die Vokale **э, ы, о, у, а** deuten auf einen vorausgehenden harten Konsonanten hin.

Was hat es nun mit der „Weichheit" von Konsonanten auf sich? Um Missverständnissen vorzubeugen – es handelt sich hier nicht um den Gegensatz zwischen stimmhaften und stimmlosen Lauten, wie etwa s in „Muse" oder „Muße". Um weiche Konsonanten zu erzeugen, muss sich die deutsche Zunge an eine Stelle bewegen, an der sie sich in der Regel noch nie aufgehalten hat: fast der ganzen Länge nach am Vordergaumen. Hierhin bewegt sich die Zunge bei fast jedem Konsonanten, der vor den folgenden Vokalbuchstaben steht: **е, ё, и, ю, я.**

Zum ersten Zungentraining weicher Lautverbindungen eignen sich folgende Wörter (Zunge so weit wie möglich anheben und an den Vordergaumen pressen):

е: не́деля, земля́, тере́ть, ве́ник, де́ньги, дере́вня, те́терев;
и: пи́ли, ли́лия, ми́дия, биле́т, ги́ря, дизентери́я, кисе́ль;
ю: лю́тик, люби́ть, лю́ди, тюле́нь, тю́бик, кюве́т, нюх, пюре́;
я: зя́блик, мять, дя́дя, зять, мя́мля, ня́ня, пятидесятиле́тие;
ё: тётя, дёготь, нёбо, пелёнки, рёбра, рёв, сёрфинг.

§ Eine Ausnahme zu dieser Regel bilden die vier Zischlaute ж, ч, ш und щ sowie der Buchstabe ц.

3.2 Die Zischlaute ж, ч, ш und щ sowie der Konsonant ц

– In allen Lautverbindungen weich sind: **ч** und **щ.**
– Grundsätzlich hart sind: **ж, ш** und **ц.**

Auch bei den Zischlauten und ц sind Gaumen und Zunge der Schlüssel zur richtigen Aussprache.

Beim weichen Konsonanten ч wird der Regel entsprechend die Zunge so weit wie möglich an den Vordergaumen gedrückt: ча́й, час, ча́йка, чу́до, чума́.

Obwohl hier а und у nach ч stehen, und nicht etwa я und ю, wird die Lautverbindung weich gesprochen. Das unterscheidet ч auch zum deutschen „tsch", etwa in „Tscheche" oder „Tschad".

Ähnlich verhält es sich mit dem stimmlosen Konsonanten щ. Der Unterschied zum deutschen „sch", etwa in „Schall", besteht zum einen in der Weichheit, die dadurch entsteht, dass der Zungenrücken gegen den Gaumen gepresst wird: ща́вель, щади́ть, щу́рить, щу́пать, щу́ка. Zudem ist щ ungefähr doppelt so lang wie das deutsche „sch". Zur Aussprache der in allen Lautverbindungen harten Laute ж, ш und ц sollte der Kontakt von Zunge und Gaumen möglichst vermieden werden.

Wie bereits angedeutet, entspricht das stimmhafte ж etwa g in den Fremdwörtern „Bandage", „Etage", unterscheidet sich jedoch von der deutschen Aussprache dadurch, dass der Kontakt zwischen Zunge und Gaumen unterbleibt: жена́, жир, жизнь, жюри́ werden also ohne Rücksicht auf die den vorausgehenden Konsonanten erweichenden e, и und ю hart ausgesprochen.

Ш ist das stimmlose Gegenstück zu ж. Zur Artikulation von ш liegt die Zunge in völliger Ruhestellung, sie darf den Vordergaumen nicht berühren. Ein weiterer Unterschied zum deutschen „sch" besteht darin, dass die Lippen an der Bildung von ш kaum beteiligt sind: während sie angespannt werden, um beispielsweise „schade" auszusprechen, bleiben sie zur Aussprache von ш entspannt und öffnen sich nur leicht: ши́на, шипо́вник, шерсть, ше́я.

Ц entspricht in etwa dem deutschen z, mit dem Unterschied, dass wie bei ш der Kontakt der Zunge zum Vordergaumen so weit wie möglich unterbleibt und die Lippen nicht angespannt werden: цирк, цита́та, цех, це́рковь.

3.3 Das weiche und das harte Zeichen – ь und ъ

Wenn das weiche Zeichen ь am Ende eines Wortes oder zwischen zwei Konsonanten steht, dann wird der Konsonant vor ь immer weich ausgesprochen:

день = де[н'], слова́рь = слова́[р']; то́лько = то́[л']ко, бо́льно = бо́[л']но **Vor den Vokalbuchstaben e, ё, и, ю, я wirkt ь als Trennungszeichen**, d. h. diese Vokale werden jotiert [je, jë, ju, jy, ja] und vor den vorhergehenden Konsonanten getrennt (nach einer sehr kurzen Pause) ausgesprochen. Die dem weichen Zeichen vorausgehenden Konsonanten können **vor den Vokalbuchstaben e, ё, и, ю, я sowohl weich als auch hart** ausgesprochen werden: das Attribut „weich" ist also in diesem Fall irreführend:

weich: семья́ = се[м'já], судья́ = су[д'já]
hart: воробьй = воро[бjи́], муравьй = мура[вjи́]

– Dem Buchstaben ъ entspricht ebenfalls kein selbständiger Laut. Vor den Vokalbuchstaben e, ё, и, ю, я wirkt er ähnlich wie ь als Trennungszeichen. Konsonanten vor dem harten Zeichen werden mit einigen wenigen Ausnahmen tatsächlich hart ausgesprochen:

  hart: объе́зд = о[бjэ́]зд, подъе́хать = по[дjэ́]хать
  Aber: адъюта́нт = а[д'jу]та́нт

  Das harte Zeichen tritt nur nach Präfixen auf.

3.4   Betonung

Im Russischen wird in jedem Wort eine Silbe betont. Diese wird im Verhältnis zu den nicht betonten Silben länger und deutlich gesprochen, ist jedoch kürzer als eine lange deutsche Silbe wie z. B. in Wörtern wie „Ruhm", „Liebe", „Wahn". Nicht betonte Vokale werden sehr kurz und reduziert ausgesprochen, was bedeutet, dass sie „undeutlich" sowie entsprechend ihrer Stellung im Wort verschieden artikuliert werden. Lediglich die unbetonten Vokalbuchstaben у – ю, ы – и sowie э unterscheiden sich nicht wesentlich von den entsprechenden betonten Vokalen.
Der Vokalbuchstabe ё ist immer betont.

Zu wesentlichen Lautverschiebungen in unbetonter Stellung kommt es bei folgenden Vokalen: a und o; e und я.

3.4.1   Die Vokalbuchstaben a und o in unbetonter Stellung

Unbetontes o wird gleich ausgesprochen, wie unbetontes a: wie, hängt von der Stellung im Wort ab:
– Sowohl a als auch o werden im unbetonten Wortanlaut wie kurzes [a] ausgesprochen:

авáрия	[а]вáрия	огóнь	[а]гóнь
артéрия	[а]ртéрия	озóн	[а]зóн
арбýз	[а]рбýз	океáн	[а]кеáн

– In der Silbe, die der betonten Silbe vorangeht, werden a und o ebenfalls als kurzes [a] gesprochen:

карма́н	к[а]рма́н	Москва́	М[а]сква́
сапо́г	с[а]по́г	вода́	в[а]да́
таба́к	т[а]ба́к	кома́р	к[а]ма́р

– In allen anderen unbetonten Silben werden a und o wie ein sehr
kurzer Vokal gesprochen, der in etwa [ы] entspricht:

самолёт	с[ы]молёт	восхище́ние	в[ы]схище́ние
мавзоле́й	м[ы]взоле́й	колеба́ть	к[ы]леба́ть
факульте́т	ф[ы]культе́т	помеще́ние	п[ы]меще́ние

3.4.2 Die Vokalbuchstaben e und я in unbetonter Stellung

Unbetontes e und я werden in unbetonter Stellung wie ein kurzer, in
etwa dem [и] entsprechender Vokal ausgesprochen:

Петербу́рг	П[и]т[и]рбу́рг	язы́к	[и]зы́к
перестро́йка	п[и]р[и]стро́йка	обяза́тельно	об[и]за́тельно
дека́брь	д[и]ка́брь	пятёрка	п[и]тёрка

§Im Unterschied zum Deutschen kann sich die Betonung jedoch, in
Abhängigkeit vom Kasus, auf andere Silben verlagern. Dementspre-
chend variiert auch die Aussprache:

	Singular	Aussprache	Plural	Aussprache
Nominativ	стол	ст[о]л	столы́	ст[а]лы́
Genitiv	стола́	ст[а]ла́	столо́в	ст[а]ло́в
Dativ	столу́	ст[а]лу́	стола́м	ст[а]ла́м
Akkusativ	стол	ст[о]л	столы́	ст[а]лы́
Instrumental	столо́м	ст[а]ло́м	стола́ми	ст[а]ла́ми
Präpositiv	столе́	ст[а]ле́	стола́х	ст[а]ла́х

3.5 Auslauterhärtung

Wie im Deutschen verlieren stimmhafte Konsonanten am Wortende
ihre Stimmhaftigkeit:

нож	но[ш]
четве́рг	четве́р[к]
францу́з	францу́[с]
бутербро́д	бутербро́[т]
зуб	зу[п]
призы́в	призы́[ф]

Nebeneinanderstehende Konsonanten werden, im Unterschied zum Deutschen, stimmhaft oder stimmlos gesprochen – in Abhängigkeit von der Stimmhaftigkeit oder Stimmlosigkeit des zuletztstehenden:

Stimmhafte Konsonanten werden stimmlos:		Stimmlose Konsonanten werden stimmhaft:	
кни́жка	кни́[ш]ка	сбо́рник	[з]бо́рник
по́дпись	по́[т]пись	отбо́р	о[д]бо́р
за́втрак	за́[ф]трак	сде́лать	[з]де́лать

4 Имена существительные – Substantive

4.1 Artikellosigkeit des Russischen

Russische Substantive haben keinen Artikel. Ob ein Substantiv bestimmt oder unbestimmt ist, ist für die Russen von geringer Relevanz (dafür interessieren sie sich aus ungeklärten Gründen sehr stark für Verbalaspekte ➜ Kap. 9.1).

Soll ein Substantiv dennoch näher bestimmt werden, können für diesen Zweck in Abhängigkeit vom Kontext Indefinit-(➜ Kap. 6.8) und Demonstrativpronomen(➜ Kap. 6.4) (какой-то, э́тот etc.) verwendet werden:

Она́ купи́ла себе́ маши́ну.	Sie hat sich das / ein Auto gekauft.
Она́ купи́ла себе́ каку́ю-то маши́ну.	Sie hat sich irgendein Auto gekauft. (Man weiß nichts über das Auto).
Дай мне, пожа́луйста, отвёртку!	Gib mir bitte den / einen Schraubenzieher!
Дай мне, пожа́луйста, э́ту отвёртку!	Gib mir bitte diesen Schraubenzieher

4.2 Russische Kasus und ihre Funktionen

Russische Substantive werden dekliniert, wobei sie je nach Kasus unterschiedliche Endungen bilden. Die Betonung kann sich innnerhalb eines Wortes in Abhängigkeit vom Kasus verschieben.

Im Russischen gibt es sechs Kasus, die im wesentlichen auf folgende Fragen antworten:

Nominativ	Имени́тельный паде́ж	Кто? Что?	Wer? Was?
Genitiv	Роди́тельный паде́ж	Кого́? Чего́?	Wessen?
Dativ	Да́тельный паде́ж	Кому́? Чему́?	Wem?
Akkusativ	Вини́тельный паде́ж	Кого́? Что?	Wen?
Instrumental	Твори́тельный паде́ж	Кем? Чем?	Womit? Von wem?
Präpositiv	Предло́жный паде́ж	О ком? О чём?	Über wen? Worüber?

Die ersten vier Kasus werden ähnlich verwendet wie im Deutschen.

4.2.1 Instrumental

Der Instrumental deutet auf ein „Instrument" hin, d. h. eine Person, einen Gegenstand oder einen Prozeß, die eine bestimmte Handlung verursachen:

Я ре́жу ножо́м *inst* хлеб.
Реше́ние при́нято
  коми́ссией *inst*.

Ich schneide mit dem Messer Brot.
Die Entscheidung wurde von der
  Kommission getroffen.

Viele Verben und Präpositionen verlangen den Instrumental rein formal, ohne dass die oben beschriebene Bedeutung beibehalten bleibt:

Мой знако́мый интересу́ется
  жи́вописью *inst*.
Ла́мпа виси́т над столо́м *inst*.

Ein Bekannter von mir interessiert
  sich für Malerei.
Die Lampe hängt über dem Tisch.

4.2.2 Präpositiv

Der Präpositiv wird nur in Verbindung mit einigen Präpositionen (meistens nach der Frage где? – wo?) verwendet:

Де́ньги при мне *präp*.　　　Ich habe das Geld dabei.
Ма́ша рабо́тает в ба́нке *präp*.　Mascha arbeitet bei einer Bank.

Bitte beachten Sie, dass sich der Gebrauch der russischen Kasus nach vielen Verben und Präpositionen von dem der deutschen stark unterscheiden kann:

Благодарю́ Вас *akk* за
　　приглаше́ние!

Ich danke Ihnen *dat* für die
　　Einladung!

Поздравля́ем тебя́ *akk* с
　　днём рожде́ния!

Wir gratulieren Dir *dat* zum
　　Geburtstag!

Мы не занима́емся у́тренней
　　заря́дкой *inst*.

Wir treiben keinen Frühsport
　　akk.

Диске́та лежи́т на столе́ *präp*.

Die Diskette liegt auf dem
　　Tisch *dat*.

4.3　Grammatisches Geschlecht

Für die Deklination von Substantiven ist ihr grammatisches Geschlecht wichtig. Nach ihrem grammatischen Geschlecht lassen sich alle russischen Substantive entsprechend ihren Endungen in drei Gruppen aufteilen:

Maskulina	Feminina	Neutra
1. Alle Substantive auf harte Konsonanten und -й: стол, я́щик, музе́й Tisch, Kiste, Museum	1. Die meisten Substantive auf -a, -я, -ь: страна́, неде́ля, крова́ть Land, Woche, Bett	Alle Substantive auf -о, -е, -мя: окно́, мо́ре, вре́мя Fenster, Meer, Zeit
2. Viele Substantive auf -ь: руль, день Lenkrad, Tag	2. Alle Substantive auf -жь, -чь, -шь, -щь: рожь, ночь, мышь, вещь Roggen, Nacht, Maus, Sache	

4.4 Deklinationsmodelle

4.4.1 Allgemeine Hinweise

Je nach Geschlecht und Endung im Nominativ Singular bilden russische Substantive bei der Deklination unterschiedliche Endungen, die in einigen Deklinationsmodellen zusammengefasst werden können.

Allgemeine Hinweise zur Deklination:

1. Viele russische Substantive wechseln bei der Deklination im Singular und/oder im Plural ihre Betonung: стол → стола́ usw. Leider gibt es kaum verlässliche Regeln zum Betonungswechsel, deshalb ist es ratsam, im Zweifelsfall ein Wörterbuch zu Rate zu ziehen.

2. Zahlreiche russische Substantive werden abweichend von der Regel dekliniert (von der Norm abweichende Pluralbildung, Einschub von Schaltvokalen etc.). Daher ist es empfehlenswert, die Deklination von Substantiven im Wörterbuch nachzuschlagen.

4.4.2 Belebte und unbelebte Substantive

Grammatikalisch gesehen sind sämtliche Bezeichnungen für Menschen und Tiere belebte Substantive, alle anderen Substantive sind unbelebt. Diese Erkenntnis ist für die Deklination der Substantive von großer Wichtigkeit, denn:

1. Belebte Maskulina haben im Genitiv und Akkusativ Singular die gleichen Formen. Alle belebten Substantive haben im Genitiv und Akkusativ Plural die gleichen Formen.

2. Alle unbelebten Maskulina, Feminina auf -ь und Neutra haben im Nominativ und Akkusativ Singular die gleichen Formen. Alle unbelebten Substantive haben im Nominativ und Akkusativ Plural die gleichen Formen.

✂ Die Kategorie der Belebtheit wirkt sich außerdem auf sämtliche, einem Substantiv zugeordneten Attribute aus: Adjektive, Partizipien usw. folgen ebenfalls diesem Prinzip und werden je nachdem, ob sie sich auf eine Bezeichnung für Menschen und Tiere oder auf ein unbelebtes Substantiv beziehen, unterschiedlich dekliniert (➜ Kap 5.1 „Adjektivdeklination").

4.4.3 Deklination von Feminina

4.4.3.1 Grammatische Feminina auf -a / -я / Natürliches Geschlecht

Da es sich beim Geschlecht der Substantive um das grammatische Geschlecht handelt, gehören zu den grammatischen Feminina auch einige Substantive mit den femininen Endungen -a / -я, deren natürliches Geschlecht jedoch männlich ist, wie z. B.:

дéдушка, ю́ноша, дя́дя   Großvater, Jugendlicher, Onkel

Auch einige zweigeschlechtliche Substantive sind grammatische Feminina, z. B.:

пья́ница	der Trinker / die Trinkerin
сирота́	der Waisenjunge / das Waisenmädchen
пла́кса	die Heulsuse (männlich oder weiblich)

Dies ist von Bedeutung, da sich dem Substantiv zugeordnete Attribute wie Adjektive, Partizipien u. a., ebenso wie Verben in der Regel nach dem natürlichen, und nicht nach dem grammatischen Geschlecht richten:

Мой (m) дéдушка люби́л (m) пить вино́.   Mein Großvater trank gerne Wein.

4.4.3.2 Feminina mit hartem Stammauslaut, г, к, х im Stammauslaut und der Endung -a

	Feminina mit hartem Stammauslaut und der Endung -a		Feminina mit г, к, х im Stammauslaut und der Endung -a	
Kasus	belebt	unbelebt	belebt	unbelebt
Singular				
Nominativ	ма́ма	маши́на	стару́ха	кни́га
Genitiv	ма́мы	маши́ны	стару́хи ✗	кни́ги ✗
Dativ	ма́ме	маши́не	стару́хе	кни́ге
Akkusativ	ма́му	маши́ну	стару́ху	кни́гу
Instrumental	ма́мой	маши́ной	стару́хой	кни́гой
Präpositiv	(о) ма́ме	(о) маши́не	(о) стару́хе	(о) кни́ге
Plural				
Nominativ	ма́мы	маши́ны	стару́хи ✗	кни́ги ✗
Genitiv	мам	маши́н	стару́х	книг
Dativ	ма́мам	маши́нам	стару́хам	кни́гам
Akkusativ	мам	маши́ны	стару́х	кни́ги ✗
Instrumental	ма́мами	маши́нами	стару́хами	кни́гами
Präpositiv	(о) ма́мах	(о) маши́нах	(о) стару́хах	(о) кни́гах
Deutsch:	Mama	Auto	alte Frau	Buch

✗ Laut Rechtschreibregeln stehen nach г, к, х immer и, у, а (und nicht ы, ю, я), deshalb in der Endung: и statt ы.

4.4.3.3 Feminina mit den Zischlauten ж, ч, ш, щ oder ц im Stammauslaut und der Endung -a

Feminina mit den Zischlauten ж, ч, ш, щ im Stammauslaut und der Endung -a		Feminina mit ц im Stammauslaut und der Endung -a	
Kasus	belebt	unbelebt	belebt	unbelebt
Singular				
Nominativ	тёща	свеча́	овца́	пе́речница
Genitiv	тёщи ✗	свечи́ ✗	овцы́	пе́речницы
Dativ	тёще	свече́	овце́	пе́речнице
Akkusativ	тёщу	свечу́	овцу́	пе́речницу
Instrumental	тёщей ✓	свечо́й ✓	овцо́й ✓	пе́речницей ✓
Präpositiv	тёще	(о) свече́	(об) овце́	(о) пе́речнице
Plural				
Nominativ	тёщи ✗	све́чи ✗	о́вцы	пе́речницы
Genitiv	тёщ	свече́й ✗	овец 📖	пе́речниц
Dativ	тёщам	свеча́м	о́вцам	пе́речницам
Akkusativ	тёщ	све́чи	ове́ц 📖	пе́речницы
Instrumental	тёщами	свеча́ми	о́вцами	пе́речницами
Präpositiv	(о) тёщах	(о) свеча́х	(об) о́вцах	(о) пе́речницах
Deutsch:	Schwiegermutter (Mutter der Ehefrau)	Kerze	Schaf	Pfefferstreuer

✗ Laut Rechtschreibregeln stehen nach den Zischlauten ж, ч, ш, щ immer и, у, а (und nicht ы, ю, я), deshalb in der Endung: и statt ы.

✓ Nach den Zischlauten ж, ч, ш, щ und ц schreibt man in betonter Position о, in unbetonter е: пе́речницей – овцо́й.

📖 → Kap. 4.4.3.6 „Feminina auf -a / -я mit Schaltvokalen -о-, -е-, -ё-"

❋ Einige Substantive dieser Gruppe (z. B. свеча́, ю́ноша – Jugendlicher) bilden den Genitiv Plural abweichend von der Regel auf die Endung -ей: свеча́ → свече́й, ю́ноша → ю́ношей. **Aber** nach Regel: да́ча → дач (Datscha).

4.4.3.4 Feminina mit weichem oder vokalischem Stammauslaut und der Endung -я (außer Feminina auf -ья)

	Feminina mit weichem Stammauslaut und der Endung -я (außer Feminina auf -ья)		Feminina mit vokalischem Stammauslaut und der Endung -я (außer Feminina auf -ия)		Feminina auf -ия
Kasus	belebt	unbelebt	belebt	unbelebt	unbelebt
Singular					
Nominativ	богúня	я́блоня	змея́	алле́я	ака́ция
Genitiv	богúни	я́блони	змеи́	алле́и	ака́ции
Dativ	богúне	я́блоне	змее́	алле́е	ака́ции
Akkusativ	богúню	я́блоню	змею́	алле́ю	ака́цию
Instrumental	богúней ✓	я́блоней ✓	змеёй ✓	алле́ей ✓	ака́цией ✓
Präpositiv	(о) богúне	(о) я́блоне	(о) змее́	(об) алле́е	(об) ака́ции
Plural					
Nominativ	богúни	я́блони	зме́и	алле́и	ака́ции
Genitiv	богúнь	я́блонь	змей	алле́й	ака́ций
Dativ	богúням	я́блоням	зме́ям	алле́ям	ака́циям
Akkusativ	богúнь	я́блони	змей	алле́и	ака́ции
Instrumental	богúнями	я́блонями	зме́ями	алле́ями	ака́циями
Präpositiv	(о) богúнях	(о) я́блонях	(о) зме́ях	(об) алле́ях	(об) ака́циях
Deutsch:	Göttin	Apfelbaum	Schlange	Allee	Akazie

✓ Nach weichen Konsonanten und Vokalen schreibt man in betonter Position ё, in unbetonter e.

⚘ Einige femininen Substantive mit der Endung -ня, die auf einen Konsonanten folgt, bilden im Genitiv Plural eine harte Endung ohne -ь am Wortende:

			Aber:		
ба́шня	→ ба́шен	Turm	дере́вня	→ дереве́нь	Dorf
пе́сня	→ пе́сен	Lied	ку́хня	→ ку́хонь	Küche

4.4.3.5 Feminina auf -ья

Kasus	belebt	unbelebt
	Singular	
Nominativ	Ма́рья	семья́
Genitiv	Ма́рьи	семьи́
Dativ	Ма́рье	семье́
Akkusativ	Ма́рью	семью́
Instrumental	Ма́рьей ✓	семьёй ✓
Präpositiv	(о) Ма́рье	(о) семье́
	Plural	
Nominativ	Ма́рьи	се́мьи
Genitiv	Ма́рий	семе́й
Dativ	Ма́рьям	се́мьям
Akkusativ	Ма́рий	се́мьи
Instrumental	Ма́рьями	се́мьями
Präpositiv	(о) Ма́рьях	(о) се́мьях
Deutsch:	Marja (Frauenname)	Familie

✓ Nach weichen Konsonanten und Vokalen schreibt man in betonter Position ё, in unbetonter e.

4.4.3.6 Feminina auf -a, -я mit den Schaltvokalen -o-, -e- und -ё-

– Schaltvokal -o-

Viele Feminina mit einem harten konsonantischen Stammauslaut und der Endung -ка schieben im Genitiv Plural (belebte Feminina auch im Akkusativ Plural) den Schaltvokal -o- zwischen -к und dem vorausgehenden harten Konsonanten ein, z. B.:

доска́ → досо́к — Tafel
стре́лка → стре́лок — Zeiger
пала́тка → пала́ток — Zelt

Der Schaltvokal -o- steht im Genitiv Plural auch bei einigen anderen Feminina, die nicht auf -ка enden, z. B.:

ку́кла → ку́кол — Puppe
ку́хня → ку́хонь — Küche

– Schaltvokal -e-

Viele Feminina mit der Endung -a / -я nach zwei Konsonanten schieben im Genitiv Plural (belebte Feminina auch im Akkusativ Plural) zwischen den beiden Endkonsonanten den Schaltvokal -e- ein, z. B:

до́чка	→	до́чек	Tochter
де́вочка	→	де́вочек	Mädchen
ба́шня	→	ба́шен	Turm
копе́йка	→	копе́ек ✓	Kopeke
пе́сня	→	пе́сен	Lied
сва́дьба	→	сва́деб ✗	Hochzeit
сосна́	→	со́сен	die Kiefer

✓ Der Schaltvokal -e- ersetzt hier й.
✗ Der Schaltvokal -e- ersetzt hier ь.

– Schaltvokal -ё-
In seltenen Fällen weisen Feminina auf -a / -я im Genitiv Plural den Schaltvokal -ё- auf, z. B:

серьга́	→	серёг	Ohrring
сестра́	→	сестёр	Schwester

4.4.3.7 Feminina auf -ь und das Maskulinum путь

Feminina auf -ь (außer -жь, -чь, -шь, -щь)			Feminina auf -жь, -чь, -шь,-щь	
Kasus	belebt	unbelebt	belebt	unbelebt
Singular				
Nominativ	форе́ль	тетра́дь	мышь	вещь
Genitiv	форе́ли	тетра́ди	мы́ши	ве́щи
Dativ	форе́ли	тетра́ди	мы́ши	ве́щи
Akkusativ	форе́ль	тетра́дь	мышь	вещь
Instrumental	форе́лью	тетра́дью	мы́шью	ве́щью
Präpositiv	(о) форе́ли	(о) тетра́ди	(о) мы́ши	(о) ве́щи
Plural				
Nominativ	форе́ли	тетра́ди	мы́ши	ве́щи
Genitiv	форе́лей	тетра́дей	мыше́й	веще́й
Dativ	форе́лям	тетра́дям	мыша́м ✕	веща́м ✕
Akkusativ	форе́лей	тетра́ди	мыше́й	ве́щи
Instrumental	форе́лями	тетра́дями	мыша́ми ✕	веща́ми ✕
Präpositiv	(о) форе́лях	(о) тетра́дях	(о) мыша́х	(о) веща́х
Deutsch:	Forelle	Heft	Maus	Sache

✕ Laut Rechtschreibregeln stehen nach den Zischlauten ж, ч, ш, щ sowie nach г, к, х immer и, у, а (und nicht ы, ю, я), deshalb in der Endung: а statt я.

§ Das Maskulinum путь

Das maskuline Substantiv путь (Weg) wird wie ein endbetontes Femininum auf -ь dekliniert, im Instrumental Singular hat es abweichend von der Regel die Form путём.

4.4.3.8 Feminina auf -ь: Ausnahmen

Eine Reihe von Feminina auf -ь weisen bei der Deklination einige Besonderheiten auf. Die wichtigsten Ausnahmen sind in dieser Tabelle aufgeführt.

Feminina auf -ь: Ausnahmen				
Kasus	belebt	belebt	unbelebt	unbelebt
Singular				
Nominativ	мать	дочь	це́рковь	любо́вь
Genitiv	ма́тери ✗	до́чери ✗	це́ркви ✓	любви́ ✓
Dativ	ма́тери	до́чери	це́ркви	любви́
Akkusativ	мать	дочь	це́рковь	любо́вь
Instrumental	ма́терью	до́черью	це́рковью	любо́вью
Präpositiv	(о) ма́тери	(о) до́чери	(о) це́ркви	(о) любви́
Plural				
Nominativ	ма́тери	до́чери	це́ркви	kein Plural
Genitiv	матере́й	дочере́й	церкве́й	
Dativ	матеря́м	дочеря́м	церква́м	
Akkusativ	матере́й	дочере́й	це́ркви	
Instrumental	матеря́ми	дочеря́ми	церква́ми	
Präpositiv	(о) матеря́х	(о) дочеря́х	(о) церква́х	
Deutsch:	Mutter	Tochter	Kirche	Liebe

✗ Die Substantive мать und дочь bilden in allen Kasus außer Nominativ und Akkusativ Singular den Wortstamm auf -ep.

✓ Bei einigen Feminina fällt im Genitiv, Dativ und Präpositiv Singular (bei це́рковь auch in allen Pluralformen) der Stammvokal -o- weg. Nach diesem Muster werden auch ложь, рожь (Lüge, Roggen) dekliniert: лжи, ржи etc.

Aber: морко́вь, свекро́вь (Möhre, Schwiegermutter der Ehefrau) werden regelmäßig dekliniert: морко́ви, свекро́ви etc.

4.4.4 Deklination von Maskulina

§ Das Fremdwort кóфе (Kaffee) bleibt bei der Deklination unverändert.

4.4.4.1 Maskulina mit hartem Konsonanten und г, к, х im Stammauslaut

Maskulina mit hartem Konsonanten im Stammauslaut			Maskulina mit г, к, х im Stammauslaut	
Kasus	belebt	unbelebt	belebt	unbelebt
Singular				
Nominativ	студéнт	пруд	лётчик	пирог
Genitiv	студéнта	прудá	лётчика	пирогá
Dativ	студéнту	прудý	лётчику	пирогý
Akkusativ	студéнта	пруд	лётчика	пирог
Instrumental	студéнтом	прудóм	лётчиком	пирогóм
Präpositiv	(о) студéнте	(о) прудé	(о) лётчике	(о) пирогé
Plural				
Nominativ	студéнты	прудьí	лётчики ✗	пироги́ ✗
Genitiv	студéнтов	прудóв	лётчиков	пирогóв
Dativ	студéнтам	прудáм	лётчикам	пирогáм
Akkusativ	студéнтов	прудьí	лётчиков	пироги́ ✗
Instrumental	студéнтами	прудáми	лётчиками	пирогáми
Präpositiv	(о) студéнтах	(о) прудáх	(о) лётчиках	(о) пирогáх
Deutsch:	Student	Teich	Pilot	Kuchen

✗ Laut Rechtschreibregeln stehen nach г, к, х immer и, у, а (und nicht ы, ю, я), deshalb in der Endung: и statt ы.

4.4.4.2 Maskulina mit den Zischlauten ж, ш, ч, щ oder ц im Stammauslaut

	Maskulina mit den Zischlauten ж, ш, ч, щ im Stammauslaut		Maskulina mit ц im Stammauslaut	
Kasus	belebt	unbelebt	belebt	unbelebt
		Singular		
Nominativ	врач	марш	жеребе́ц	па́лец
Genitiv	врача́	ма́рша	жеребца́ 📖	па́льца 📖
Dativ	врачу́	ма́ршу	жеребцу́	па́льцу
Akkusativ	врача́	марш	жеребца́	па́лец
Instrumental	врачо́м ✓	ма́ршем ✓	жеребцо́м ✓	па́льцем ✓
Präpositiv	(о) враче́	(о) ма́рше	(о) жеребце́	(о) па́льце
		Plural		
Nominativ	врачи́ ✗	ма́рши ✗	жеребцы́	па́льцы
Genitiv	враче́й	ма́ршей	жеребцо́в	па́льцев
Dativ	врача́м	ма́ршам	жеребца́м	па́льцам
Akkusativ	враче́й	ма́рши	жеребцо́в	па́льцы
Instrumental	врача́ми	ма́ршами	жеребца́ми	па́льцами
Präpositiv	(о) врача́х	(о) ма́ршах	(о) жеребца́х	(о) па́льцах
Deutsch:	Arzt	Marsch	Hengst	Finger

✓ Nach den Zischlauten ж, ч, ш, щ und ц schreibt man in betonter Position o, in unbetonter e.

✗ Laut Rechtschreibregeln steht nach den Zischlauten ж, ч, ш, щ immer и, у, а (und nicht ы, ю, я), deshalb in der Endung: и statt ы.

📖 → Kap. 4.4.4.5 „Maskulina mit flüchtigem -о- / -е-"

4.4.4.3 Maskulina auf -ь, -анин / -янин und -ёнок / -онок

Maskulina auf -ь			Maskulina auf -анин / -янин	Maskulina auf -ёнок / -онок
Kasus	belebt	unbelebt	belebt	
Singular				
Nominativ	строи́тель	слова́рь	граждани́н	цыплёнок
Genitiv	строи́теля	словаря́	граждани́на	цыплёнка 📖
Dativ	строи́телю	словарю́	граждани́ну	цыплёнку
Akkusativ	строи́теля	слова́рь	граждани́на	цыплёнка
Instrumental	строи́телем ✓	словарём ✓	граждани́ном	цыплёнком
Präpositiv	(о) строи́теле	(о) словаре́	(о) граждани́не	(о) цыплёнке
Plural				
Nominativ	строи́тели	словари́	гра́ждане ✗	цыпля́та ☑
Genitiv	строи́телей	словаре́й	гра́ждан	цыпля́т
Dativ	строи́телям	словаря́м	гра́жданам	цыпля́там
Akkusativ	строи́телей	словари́	гра́ждан	цыпля́т
Instrumental	строи́телями	словаря́ми	гра́жданами	цыпля́тами
Präpositiv	(о) строи́телях	(о) словаря́х	(о) гра́жданах	(о) цыпля́тах
Deutsch:	Bauarbeiter	Wörterbuch	Bürger	Küken

✓ Nach weichen Konsonanten schreibt man in betonter Position ё, in unbetonter e.

✗ Alle Pluralformen ohne das Suffix -ин-.

☑ Im Plural steht statt -ёнок- / -онок- das Suffix -ят- / -ат-.

📖 → Kap. 4.4.4.5 „Maskulina mit flüchtigem -о- /-е-"

4.4.4.4 Maskulina auf -й und -ий

Maskulina auf -й (außer -ий)			Maskulina auf -ий	
Kasus	belebt	unbelebt	belebt	unbelebt
Singular				
Nominativ	муравéй	музéй	пролетáрий	санатóрий
Genitiv	муравья́ ✓	музéя	пролетáрия	санатóрия
Dativ	муравью́	музéю	пролетáрию	санатóрию
Akkusativ	муравья́	музéй	пролетáрия	санатóрий
Instrumental	муравьём	музéем	пролетáрием	санатóрием
Präpositiv	(о) муравьé	(о) музéе	(о) пролетáрии✗	(о)санатóрии✗
Plural				
Nominativ	муравьи́	музéи	пролетáрии	санатóрии
Genitiv	муравьёв	музéев	пролетáриев	санатóриев
Dativ	муравья́м	музéям	пролетáриям	санатóриям
Akkusativ	муравьёв	музéи	пролетáриев	санатóрии
Instrumental	муравья́ми	музéями	пролетáриями	санатóриями
Präpositiv	(о) муравья́х	(о) музéях	(о) пролетáриях	(о) санатóриях
Deutsch:	Ameise	Museum	Proletarier	Sanatorium

✗ Im Präpositiv Singular bilden die Maskulina auf -ий die Endung -ии.

✓ Bei endungsbetonten Maskulina auf -й (außer -ий) wird -e- ab Genitiv Singular zu -ь-. Hierzu gehören u. a. соловéй → соловья́ (Nachtigall), воробéй → воробья́ (Spatz).

4.4.4.5 Maskulina mit flüchtigem -o- / -e-

Eine Vielzahl von ein- und mehrsilbigen Maskulina verliert bei der Deklination in allen Kasus im Plural sowie im Singular von Genitiv bis Präpositiv (bei belebten Maskulina) und im Genitiv, Dativ, Instrumental und Präpositiv Singular (bei unbelebten Maskulina) den letzten Vokalstamm -o- / -e-.

⚠ Leider gibt es kaum Regeln, nach denen sich Maskulina mit flüchtigem -o- / -e- bestimmen lassen. Es ist daher ratsam, im Zweifelsfall im Wörterbuch nachzuschlagen.

Kasus	Maskulina mit flüchtigem -o-		Maskulina mit flüchtigem -e-	
	belebt	unbelebt	belebt	unbelebt
		Singular		
Nominativ	посо́л	рот	оте́ц	день
Genitiv	посла́	рта	отца́	дня
Dativ	послу́	рту	отцу́	дню
Akkusativ	посла́	рот	отца́	день
Instrumental	посло́м	ртом	отцо́м	днём
Präpositiv	(о) после́	(о) рте	(об) отце́	(о) дне
		Plural		
Nominativ	послы́	рты	отцы́	дни
Genitiv	посло́в	ртов	отцо́в	дней
Dativ	посла́м	рта́ми	отца́м	дням
Akkusativ	посло́в	рты	отцо́в	дни
Instrumental	посла́ми	рта́ми	отца́ми	дня́ми
Präpositiv	(о) посла́х	(о) ртах	(об) отца́х	(о) днях
Deutsch:	Botschafter	Mund	Vater	Tag

4.4.4.6 Maskulina mit Präpositiv Singular auf -ý / -ю́

1. Abweichend von der Regel bildet eine Vielzahl von Maskulina mit meist einsilbigem Stamm nach den Präpositionen в und на den Präpositiv Singular auf betontes -у / -ю, z. B.:

лес ➜ в лесу́   im Wald
мост ➜ на мосту́   auf der Brücke
рай ➜ в раю́   im Paradies
шкаф ➜ в шкафу́, на шкафу́   im Schrank, auf dem Schrank

2. Einige Maskulina bilden im Präpositiv Singular nach den Präpositionen в und на beide Endungen: -у / -ю und -e, wobei sich in der Regel Stil- bzw. Bedeutungsverschiebungen ergeben, z. B.:

о́тпуск ➜ в о́тпуске / в отпуску́
        im Urlaub (neutral / umg.)
край ➜ на краю́ го́рода / в на́шем кра́е
        am Rande der Stadt / in unserem Kreis (Verwaltungsgebiet)

33

4.4.4.7 Maskulina mit Nominativ Plural auf -á / -я́

1. Abweichend von der Regel bildet eine Vielzahl von Maskulina den Nominativ Plural auf betontes -a / -я, z. B.:

а́дрес	→ адреса́	Adressen
ве́чер	→ вечера́	Abende
глаз	→ глаза́	Augen
дом	→ дома́	Häuser
па́спорт	→ паспорта́	Pässe
по́езд	→ поезда́	Züge
учи́тель	→ учителя́	Lehrer

2. Einige Maskulina bilden im Nominativ Plural zwei verschiedene Formen: eine regelmäßige und eine auf -a / -я. Dabei nehmen diese beiden Formen in der Regel unterschiedliche Bedeutungen an, z. B.:

зуб	→ зу́бы / зу́бья	Zähne (anat.)/Zähne eines Zahnrades
лист	→ ли́сты / ли́стья	Papierblätter/Blätter eines Baumes

4.4.5 Deklination von Neutra

Einige Fremdwörter auf Vokal bleiben bei der Deklination unverändert, die wichtigsten sind:

ателье́, бюро́	Schneider-, Reparatur- bzw. Künstlerwerkstatt, Büro
кафе́, кино́, интервью́	Café, Kino, Interview
купе́, меню́, метро́	Abteil, Speisekarte, U-Bahn
пальто́, такси́	Mantel, Taxi

4.4.5.1 Neutra mit hartem Stammauslaut und der Endung -o / Neutra mit den Zischlauten ж, ч, ш, щ oder ц im Stammauslaut und den Endungen -o / -e

Neutra mit hartem Stammauslaut und der Endung -o		Neutra mit den Zischlauten ж, ч, ш, щ oder ц im Stammauslaut und den Endungen -o / -e	
Kasus			
Singular			
Nominativ	одея́ло	лицо́	чудо́вище
Genitiv	одея́ла	лица́	чудо́вища
Dativ	одея́лу	лицу́	чудо́вищу
Akkusativ	одея́ло	лицо́	чудо́вище
Instrumental	одея́лом	лицо́м ✓	чудо́вищем ✓
Präpositiv	(об) одея́ле	(о) лице́	(о) чудо́вище
Plural			
Nominativ	одея́ла	ли́ца	чудо́вища
Genitiv	одея́л	лиц	чудо́вищ
Dativ	одея́лам	ли́цам	чудо́вищам
Akkusativ	одея́ла	ли́ца 	чудо́вищ
Instrumental	одея́лами	ли́цами	чудо́вищами
Präpositiv	(об) одея́лах	(о) ли́цах	(о) чудо́вищах
Deutsch:	(Bett)decke	Gesicht, Person	Ungeheuer

✓ Nach den Zischlauten ж, ч, ш, щ und ц schreibt man in betonter Position o, in unbetonter e.

In der Bedeutung von лицо – „Person" heißt der Akkusativ Plural лиц.

4.4.5.2 Neutra mit dem Schaltvokal -o- / -e- im Genitiv Plural

Viele Neutra auf -o und -e mit zwei Konsonanten im Stammauslaut schieben im Genitiv Plural die Schaltvokale -o- oder -e zwischen die beiden letzten Konsonanten ein:

Neutra auf -o mit zwei Konsonanten im Stammauslaut mit dem Schaltvokal -o- / -e- im Genitiv Plural			
	Schaltvokal -o-	Schaltvokal -e-	
Kasus	Die beiden letzten Stammkonsonanten: г/к und л/м/н/р	Die beiden letzten Stammkonsonanten: andere als г/к und л/м/н/р	Der letzte Stammkonsonant: к oder ц
	Singular		
Nominativ	окно́	число́	полоте́нце
	Plural		
Genitiv	о́кон	чи́сел	полоте́нец
Deutsch:	Fenster	Zahl	Handtuch

4.4.5.3 Ausnahmen: Besondere Fälle der Pluralbildung

Einige Neutra haben von der Regel teilweise abweichende Pluralformen. Die wichtigsten davon sind in dieser Tabelle zusammengefasst.

Kasus	де́рево ✗	я́блоко	плечо́	у́хо	яйцо́
	Plural				
Nominativ	дере́вья	я́блоки	пле́чи	у́ши	я́йца
Genitiv	дере́вьев	я́блок	плеч	ушей	яиц
Dativ	дере́вьям	я́блокам	плеча́м	уша́м	я́йцам
Akkusativ	дере́вья	я́блоки	пле́чи	у́ши	я́йца
Instrumental	дере́вьями	я́блоками	плеча́ми	уша́ми	я́йцами
Präpositiv	(о) дере́вьях	(о) я́блоках	(о) плеча́х	(об) уша́х	(о) я́йцах
Deutsch:	Baum	Apfel	Schulter	Ohr	Ei

✗ Nach diesem Muster auch:

Singular		Plural	
звено́	→	зве́нья, зве́ньев	Glied (einer Kette)
крыло́	→	кры́лья, кры́льев	Flügel
перо́	→	пе́рья, пе́рьев	Feder
поле́но	→	поле́нья, поле́ньев	Holzscheit

Neutra mit weichem Stammauslaut und -е, -ье, -ие am Wortende / Neutra auf -мя

Neutra mit weichem Stammauslaut und -е, -ье, -ие am Wortende			Neutra auf -мя
Kasus	-е	-ье	-ие	

Singular				
Nominativ	мо́ре	воскресе́нье	изда́ние	вре́мя
Genitiv	мо́ря	воскресе́нья	изда́ния	вре́мени
Dativ	мо́рю	воскресе́нью	изда́нию	вре́мени
Akkusativ	мо́ре	воскресе́нье	изда́ние	вре́мя
Instrumental	мо́рем	воскресе́ньем	изда́нием	вре́менем
Präpositiv	(о) мо́ре	(о) воскресе́нье	(об) изда́нии	(о) вре́мени

Plural				
Nominativ	моря́	воскресе́нья	изда́ния	времена́
Genitiv	море́й	воскресе́ний	изда́ний	времён
Dativ	моря́м	воскресе́ньям	изда́ниям	времена́м
Akkusativ	моря́	воскресе́нья	изда́ния	времена́
Instrumental	моря́ми	воскресе́ньями	изда́ниями	времена́ми
Präpositiv	(о) моря́х	(о) воскресе́ньях	(об) изда́ниях	(о) времена́х

Deutsch:	Meer	Sonntag	Ausgabe (z. B. eines Buches)	Zeit

4.5 Der partitive Genitiv

Nach den Akkusativ regierenden Verben können eß- und trinkbare Objekte auch im Genitiv stehen, wenn sich diese Objekte nur auf einen (kleineren) Teil der vorhandenen Menge an Lebensmitteln beziehen. Der partitive Genitiv wird nur in Verbindung mit perfektiven Verben verwendet:

Кот пое́л *pf* ры́бы *gen* и попи́л *pf* молока́ *gen*.	Der Kater hat (ein bisschen) Fisch gefressen und (ein bisschen) von der Milch getrunken.

Maskulina bilden neben regelmäßigen auch umgangsprachliche Formen des partitiven Genitivs auf -у / -ю:

Ма́ша вы́пила со́ка / со́ку и ча́я / ча́ю.	Mascha hat (ein bisschen) vom Saft und vom Tee getrunken.

Der Akkusativ der oben genannten Objekte wird sowohl mit perfektiven als auch mit imperfektiven Verben verwendet. Dabei weisen die imperfektiven Formen auf eine unbestimmte Menge und die perfektiven auf die Ganzheit einer Menge hin:

Кот ел *impf* ры́бу *akk* и пил молоко́ *akk*.	Der Kater hat Fisch gefressen und Milch getrunken (jeweils eine unbestimmte Menge).
Кот съе́л *impf* ры́бу *akk* и вы́пил молоко́ *akk*.	Der Kater hat den ganzen Fisch aufgefressen und die Milch ausgetrunken.

4.6 Deklination von Familiennamen und geographischen Namen

1. Im Russischen bilden die meisten Familiennamen entsprechend dem Geschlecht des Trägers weibliche und männliche Formen.

– Im Singular werden die männlichen Familiennamen auf -ов, -ев, -ёв, -ин, -ын vorwiegend wie maskuline Substantive dekliniert.
– Die weiblichen Familiennamen auf -ова, -ева, -ёва, -ина, -ына werden im Singular vorwiegend wie Adjektive dekliniert.
– Im Plural werden die Familiennamen auf -овы, -евы, -ёвы, -ины, -ыны wie Adjektive dekliniert.

Kasus	Männliche Familiennamen (vorwiegend wie Substantive)	Weibliche Familiennamen (vorwiegend wie Adjektive)
	Singular	
Nominativ	Ивано́в	Ивано́ва
Genitiv	Ивано́ва	Ивано́вой
Dativ	Ивано́ву	Ивано́вой
Akkusativ	Ивано́ва	Ивано́ву ✗
Instrumental	Ивано́вым ✓	Ивано́вой
Präpositiv	(об) Ивано́ве	(об) Ивано́вой
	Plural (wie Adjektive)	
Nominativ	Ивано́вы	
Genitiv	Ивано́вых	
Dativ	Ивано́вым	
Akkusativ	Ивано́вых	
Instrumental	Ивано́выми	
Präpositiv	(об) Ивано́вых	

✓ Im Instrumental Singular haben die oben genannten männlichen Familiennamen die adjektivische Endung -ым.

✗ Im Akkusativ Singular haben die oben genannten weiblichen Familiennamen die substantivische Endung -y.

2. Vor- und Vatersnamen werden im Unterschied zu den Familiennamen wie normale Substantive dekliniert:

Договóр был подпи́сан Миха́илом Серге́евичем Горбачёвым *inst.*	Der Vertrag wurde von Michail Sergejewitsch Gorbatschow unterzeichnet.
Это дочь Ли́дии Степа́новны Чуба́новой (Genitiv).	Das ist die Tochter von Lidia Stepanowna Tschubanowa.

3. Ortsnamen werden wie Substantive dekliniert:

Ра́я живёт в Мю́нхене.	Raja wohnt in München.
Ро́дом она́ из Арха́нгельска.	Sie ist in Archangelsk geboren.

§ **Nicht dekliniert werden:**

1. Ukrainische Familiennamen auf -ко: Петре́нко, Иване́нко

2. Russische Familienamen auf -их/-ых: Долги́х, Бескро́вных

3. Russische Familienamen auf -ич und nichtrussische Familienamen auf Konsonanten, wenn sie auf Frauen bezogen sind: Наде́жда Бейнаро́вич, У́тэ Но́йманн

4. Nichtrussische Familienamen auf Vokal: Пика́ссо, Оливе́тти

5. Nichtrussische geographische Namen auf -е, -и, -о, -у: Баку́, Мона́ко, Со́чи

5 Имена прилагательные – Adjektive

Adjektive passen sich in Numerus, Genus und Kasus an ihr Bezugs-wort an:

У Ма́ши се́рая ко́шка и зелёный попуга́й.

Mascha hat eine graue Katze und einen grünen Papagei.

Unterscheidet sich jedoch das natürliche Geschlecht des Bezugsworts vom grammatischen, so folgt das Adjektiv dem natürlichen Ge-schlecht (➜ Kap. 4.4.2.1).

5.1 Adjektivdeklination

Die Endungen sind je nach hartem oder weichem Adjektivstamm un-terschiedlich. Auch die Konsonanten г, к, х und die Zischlaute ж, ч, ш, щ sowie der Buchstabe ц im Stammauslaut wirken sich auf die En-dungen aus.

5.1.1 Adjektive mit hartem Stammauslaut (außer г, к, х und ж, ш)

Kasus	m	f	nt	Plural
Nominativ	бе́лый	бе́лая	бе́лое	бе́лые
Genitiv	бе́лого	бе́лой	бе́лого	бе́лых
Dativ	бе́лому	бе́лой	бе́лому	бе́лым
Akkusativ	бе́лый / бе́лого ✕	бе́лую	бе́лое	бе́лые/бе́лых ✕
Instrumental	бе́лым	бе́лой	бе́лым	бе́лыми
Präpositiv	(о) бе́лом	(о) бе́лой	(о) бе́лом	(о) бе́лых
Deutsch:	weiß			

5.1.2 Adjektive mit weichem Stammauslaut (außer г, к, х und ч, щ)

Kasus	m	f	nt	Plural
Nominativ	си́ний	си́няя	си́нее	си́ние
Genitiv	си́него	си́ней	си́него	си́них
Dativ	си́нему	си́ней	си́нему	си́ним
Akkusativ	си́ний / си́него ✕	си́нюю	си́нее	си́ние / си́них ✕
Instrumental	си́ним	си́ней	си́ним	си́ними
Präpositiv	(о) си́нем	(о) си́ней	(о) си́нем	(о) си́них
Deutsch:	dunkelblau			

5.1.3 Adjektive mit г, к, х im Stammauslaut

Kasus	m	f	nt	Plural
Nominativ	мя́гкий	мя́гкая	мя́гкое	мя́гкие
Genitiv	мя́гкого	мя́гкой	мя́гкого	мя́гких
Dativ	мя́гкому	мя́гкой	мя́гкому	мя́гким
Akkusativ	мя́гкий / мя́гкого ✕	мя́гкую	мя́гкое	мя́гкие / мя́гких ✕
Instrumental	мя́гким	мя́гкой	мя́гким	мя́гкими
Präpositiv	(о) мя́гком	(о) мя́гкой	(о) мя́гком	(о) мя́гких
Deutsch:	weich			

5.1.4 Adjektive mit den Zischlauten ж, ч, ш, щ im Stammauslaut

Kasus	m	f	nt	Plural
Nominativ	тóщий	тóщая	тóщее	тóщие
Genitiv	тóщего	тóщей	тóщего	тóщих
Dativ	тóщему	тóщей	тóщему	тóщим
Akkusativ	тóщий / тóщего ✘	тóщую	тóщее	тóщие / тóщих ✘
Instrumental	тóщим	тóщей	тóщим	тóщими
Präpositiv	(о) тóщем	(о) тóщей	(о) тóщем	(о) тóщих
Deutsch:	dürr			

5.1.5 Endungsbetonte Adjektive auf -óй

Adjektive auf -ой im Nominativ Singular der männlichen Form (z. B. молодóй, дорогóй – jung, lieb) haben in allen übrigen Formen die gleichen Endungen wie Adjektive auf -ый / -ий.
Lediglich nach den Zischlauten ж, ч, ш, щ im Stammauslaut ergeben sich nach den Rechtschreibregeln in betonten Endungen andere Vokalbuchstaben: o statt e.

Kasus	m	f	nt	Plural
Nominativ	большóй	большáя	большóе	большѝе
Genitiv	большóго	большóй	большóго	большѝх
Dativ	большóму	большóй	большóму	большѝм
Akkusativ	большóй / -óго ✘	большýю	большóе	большѝе/ -ѝх ✘
Instrumental	большѝм	большóй	большѝм	большѝми
Präpositiv	(о) большóм	(о) большóй	(о) большóм	(о) большѝх
Deutsch:	groß			

✘ Analog zur Substantivdeklination sind der maskuline Akkusativ Singular sowie der Akkusativ Plural aller drei Geschlechter dem Genitiv gleich, wenn sich das Adjektiv auf ein Substantiv bezieht, das ein Lebewesen bezeichnet:

Cáша подарѝл ей зелёного   Sascha hat ihr den grünen Papagei
попугáя три гóда назáд.   vor drei Jahren geschenkt.

Dagegen stimmen sie mit dem Nominativ überein, wenn es sich bei dem Bezugswort um kein Lebewesen handelt:

Два гóда назáд он подарѝл   Vor zwei Jahren hat er ihr einen
ей зелёный плащ.   grünen Regenmantel geschenkt.

5.2 Qualitäts- und Beziehungsadjektive

Im Russischen unterscheidet man zwischen Qualitäts- und Beziehungsadjektiven.

– Qualitätsadjektive bezeichnen Merkmale, die bei einem Gegenstand in mehr oder minder starkem Maße auftreten können:

У Ма́ши све́тлые глаза́, а у Са́ши ещё светле́е.
Уже́ сейча́с ве́тер холо́дный, а ве́чером он бу́дет ещё холодне́е.

Maschas Augen sind hell, Saschas Augen sind jedoch noch heller.
Jetzt ist der Wind schon kalt, aber am Abend wird er noch kälter werden.

– Beziehungsadjektive lassen dagegen keinen Vergleich zu:

деревя́нный стол   ein Holztisch
кни́жный магази́н   ein Buchgeschäft
золото́е кольцо́   ein goldener Ring

5.3 Kurz- und Langformen der Adjektive

5.3.1 Bildung von Kurz- und Langformen der Adjektive

Im Russischen unterscheidet man Lang- und Kurzformen der Adjektive.

– Qualitätsadjektive können neben den Langformen

зага́дочный расска́з   eine rätselhafte Erzählung
зага́дочная же́нщина   eine rätselhafte Frau
зага́дочное выска́зывание   eine rätselhafte Aussage
зага́дочные рису́нки   rätselhafte Zeichnungen

Kurzformen haben:

Расска́з зага́дочен.   Die Erzählung ist rätselhaft.
Же́нщина зага́дочна.   Die Frau ist rätselhaft.
Выска́зывание зага́дочно.   Die Aussage ist rätselhaft.
Рису́нки зага́дочны.   Die Zeichnungen sind rätselhaft.

– Beziehungsadjektive können dagegen ausschließlich Langformen bilden:

звёздный час   die Sternstunde
звёздная ночь   eine klare Sternennacht
звёздное не́бо   der Sternenhimmel
звёздные мириа́ды   Myriaden von Sternen

Die Kurzformen werden vom Stamm des Adjektivs abgeleitet. Hier finden Sie eine Übersicht über die gebräuchlichsten Adjektive und ihre Kurzformen:

Langform	Deutsch	Kurzformen			
		m	f	nt	Plural
но́вый	neu	нов	нова́	но́во	но́вы
высо́кий	hoch	высо́к	высока́	высоко́	высоки́
молодо́й	jung	мо́лод	молода́	мо́лодо	мо́лоды
хоро́ший	gut	хоро́ш	хороша́	хорошо́	хороши́
бли́зкий	nah	бли́зок	близка́	бли́зко	близки́
коро́ткий	kurz	ко́роток	коротка́	ко́ротко	коротки́
кра́ткий	kurz	кра́ток	кратка́	кра́тко	кра́тки
кре́пкий	stark	кре́пок	крепка́	кре́пко	крепки́
краси́вый	schön	краси́в	краси́ва	краси́во	краси́вы
тру́дный	schwer	тру́ден	трудна́	тру́дно	тру́дны
свобо́дный	frei	свобо́ден	свобо́дна	свобо́дно	свобо́дны
пра́вильный	richtig	пра́вилен	пра́вильна	пра́вильно	пра́вильны
широ́кий	breit	широ́к	широка́	широко́	широки́
ни́зкий	niedrig	ни́зок	низка́	ни́зко	низки́
лёгкий	leicht	лёгок	легка́	легко́	легки́
то́нкий	dünn	то́нок	тонка́	то́нко	тонки́
у́зкий	schmal	у́зок	узка́	у́зко	узки́
поле́зный	nützlich	поле́зен	поле́зна	поле́зно	поле́зны
ну́жный	nötig	ну́жен	нужна́	ну́жно	нужны́
больно́й	krank	бо́лен	больна́	бо́льно	больны́
не́жный	zart	не́жен	нежна́	не́жно	нежны́
ве́рный	richtig	ве́рен	верна́	ве́рно	верны́

5.3.2 Verwendung von Kurz- und Langformen der Adjektive

Die Kurzformen der Adjektive werden im Satz ausschließlich prädikativ gebraucht und existieren daher nur im Nominativ. Sie passen sich lediglich in Geschlecht und Zahl an das Satzsubjekt an:

Ты ещё молода́!	Du bist noch jung!
Тепе́рь я свобо́ден!	Jetzt bin ich frei!
Все го́сти дово́льны.	Alle Gäste sind zufrieden.

Oft können auch Langformen von Adjektiven prädikativ verwendet werden. Es lassen sich allerdings nur bedingt Regeln aufstellen, mit denen die Verwendung von Kurz- und Langformen nachvollzogen werden kann. Es empfiehlt sich im Zweifelsfall, Muttersprachler zu Rate zu ziehen.

– In drei Fällen ist die Verwendung der Kurzform jedoch obligatorisch:

1. Beim Pronomen э́то als Subjekt:

Э́то здо́рово.	Das ist toll.
Э́то разу́мно.	Das ist vernünftig.

2. Beim Pronomen вы als Subjekt:

Вы больны́.	Sie sind krank. / Ihr seid krank.
Вы нужны́.	Sie werden gebraucht. / Ihr werdet gebraucht.

3. Bei Abhängigkeit eines Objektes vom Prädikatsnomen:

Са́ша ре́дко согла́сен с Ма́шей.	Sascha ist selten mit Mascha einverstanden.
Но он не зол на неё.	Er ist ihr jedoch nicht böse.
Она́ нужна́ ему́.	Er braucht sie.

– Die Kurzform kann eine Eigenschaft in Bezug auf bestimmte Verhältnisse wiedergeben, drückt also Verhältnismäßigkeit aus und kann das Übermaß einer Eigenschaft anzeigen:

Зелёный плащ ей вели́к, а боти́нки малы́.	Der grüne Regenmantel ist ihr zu groß und die Schuhe sind ihr zu klein.
Большо́й я́щик тяжёл для меня́.	Die große Kiste ist zu schwer für mich.
Кле́тка узка́ для попуга́я.	Der Käfig ist zu eng für den Papagei.

– Die Kurzform kann auch eine zeitlich begrenzte Eigenschaft wiedergeben:

Смирно́в бо́лен.   Herr Smirnow ist (heute) krank.
Смирно́в больно́й.   Herr Smirnow ist ein kranker
                             Mensch.

– Im Präteritum und Futur können die Langformen eines Adjektivs als
  Prädikatsnomen sowohl im Nominativ als auch im Instrumental
  stehen:

Ле́то бы́ло дождли́вое.   Der Sommer war verregnet.
Ле́то бы́ло дождли́вым.
Ночь бу́дет звёздная.   Die Nacht wird sternenklar werden.
Ночь бу́дет звёздной.

In der gesprochenen Sprache wird häufiger der Nominativ, in der
Schriftsprache gewöhnlich der Instrumental gebraucht.

– Steht das Adjektiv in der Langform vor dem Subjekt, so ist es Attribut:

Бы́ло дождли́вое ле́то.   Es war ein verregneter Sommer.

– Steht das Adjektiv in der Langform nach dem Subjekt, so ist es Prädikatsnomen:

Ле́то бы́ло дождли́вое.   Der Sommer war verregnet.

5.4   Steigerung der Adjektive

Steigerungsformen lassen sich nur von Qualitätsadjektiven bilden.
Von den Beziehungsadjektiven können keine Steigerungsformen gebildet werden.
Qualitätsadjektive bilden zwei Steigerungsformen: den Komparativ
und den Superlativ. Im Komparativ und Superlativ bilden Adjektive
keine Geschlechtsendung und können nicht dekliniert werden.

5.4.1   Bildung des Komparativs

Man unterscheidet einfache Formen (краси́вее – schöner) und zusammengesetzte Formen (бо́лее краси́вый – schöner) des Komparativs.

5.4.1.1. Der einfache Komparativ

Der einfache Komparativ wird durch Anfügen der Suffixe -ee oder -e
an den Adjektivstamm gebildet.

– Von den meisten Adjektiven wird der Komparativ mit Hilfe des Suffixes **-ee** gebildet:

си́льный	stark	сильне́е	stärker
сла́бый	schwach	слабе́е	schwächer
све́тлый	hell	светле́е	heller

In der Komparativform wird in der Regel das erste -e des Suffixes -ee betont.

Mehrsilbige Adjektive sind in der Komparativform stammbetont:

внима́тельный	aufmerksam	внима́тельнее	aufmerksamer
замеча́тельный	bemerkenswert	замеча́тельнее	bemerkenswerter
счастли́вый	glücklich	счастли́вее	glücklicher

– Von Adjektiven mit Stammauslaut auf г, к, х oder д, т, ск, ст sowie von einigen anderen Adjektiven wird der Komparativ mit Hilfe des Suffixes **-e** gebildet; dabei tritt ein Konsonantenwechsel ein (г, д → ж; к, т → ч; х → ш; ск, ст → щ). Diese Formen sind stets stammbetont:

дорого́й	teuer	доро́же	teurer
молодо́й	jung	моло́же	jünger
гро́мкий	laut	гро́мче	lauter
бога́тый	reich	бога́че	reicher
ти́хий	leise	ти́ше	leiser
то́лстый	dick	то́лще	dicker

§ Folgende Formen weisen eine besondere Bildung auf:

большо́й	groß	бо́льше	größer
бли́зкий	nah	бли́же	näher
высо́кий	hoch	вы́ше	höher
глубо́кий	tief	глу́бже	tiefer
далёкий	entfernt	да́льше	entfernter
до́лгий	lang	до́льше	länger
коро́ткий	kurz	коро́че	kürzer
ма́ленький	klein	ме́ньше	kleiner
ни́зкий	niedrig	ни́же	niedriger
плохо́й	schlecht	ху́же	schlechter
по́здний	spät	по́зже/поздне́е	später
ре́дкий	selten	ре́же	seltener
сла́дкий	süß	сла́ще	süßer
то́нкий	dünn	то́ньше	dünner
у́зкий	eng	у́же	enger
хоро́ший	gut	лу́чше	besser

– Von vielen Adjektiven kann kein einfacher Komparativ gebildet werden (z. B. ра́нний – früh, пло́ский – flach, го́рький – bitter). Hier ist lediglich die Bildung des zusammengesetzten Komparativs möglich.

5.4.1.2 Der zusammengesetzte Komparativ

Der zusammengesetzte Komparativ kann von allen Qualitätsadjektiven gebildet werden.
Der zusammengesetzte Komparativ wird durch Voranstellung von бо́лее gebildet:

бо́лее ра́нний	früher
бо́лее пло́ский	flacher

5.4.1.3 Gebrauch des Komparativs

Der Vergleich kann im Russischen auf zwei verschiedene Weisen erfolgen:

– Das Vergleichswort steht im Genitiv:

Во́дка кре́пче вина́ *gen.*	Wodka ist stärker als Wein.
Она́ моло́же меня́ *gen.*	Sie ist jünger als ich.

– Die Konjunktion „als" nach dem Komparativ wird durch die russische Konjunktion чем wiedergegeben. Das Vergleichswort steht in diesem Fall im Nominativ. Vor чем steht ein Komma:

Во́дка кре́пче, чем вино́.	Wodka ist stärker als Wein.
Она́ моло́же, чем я.	Sie ist jünger als ich.

– Nach dem zusammengesetzten Komparativ ist nur ein Vergleich durch чем + Nominativ möglich:

Морска́я вода́ бо́лее солёная, чем питьева́я вода́.	Meerwasser ist salziger als Trinkwasser.
Кит бо́лее си́льный, чем морж.	Ein Wal ist stärker als ein Walross.

5.4.2 Bildung des Superlativs

Im Russischen unterscheidet man den einfachen (краси́вейший – der schönste) und den zusammengesetzten Superlativ (са́мый краси́вый).

5.4.2.1 Der einfache Superlativ

– Der einfache Superlativ wird durch Einfügen des Suffixes **-ейш-** gebildet:

си́льный	→	сильне́йший	der stärkste
но́вый	→	нове́йший	der neuste
просто́й	→	просте́йший	der einfachste

– Das Suffix **-айш-** wird eingefügt, wenn der Adjektivstamm auf г, к und х auslautet; dabei tritt ein Konsonantenwechsel ein (г → ж, к → ч, х → ш):

стро́гий	→	строжа́йший	der strengste
жесто́кий	→	жесточа́йший	der höchste
ти́хий	→	тиша́йший	der leiseste

§ Folgende Superlative werden von der Regel abweichend gebildet:

хоро́ший	→	лу́чший	der beste
плохо́й	→	ху́дший	der schlechteste
ма́ленький	→	ме́ньший	der kleinste

– Die einfachen Superlativformen einiger Adjektive können zum Ausdruck der Verstärkung mit **наи-** präfigiert werden, so z. B.:

наилу́чший	der allerbeste
наиме́ньший	der allerkleinste
наисильне́йший	der allerstärkste

§ Von vielen Adjektiven kann kein einfacher Superlativ gebildet werden (z. B. ра́нний – früh, молодо́й – jung, больно́й – krank). Hier ist lediglich die Bildung des zusammengesetzten Superlativs möglich.

5.4.2.2 Der zusammengesetzte Superlativ

Der zusammengesetzte Superlativ kann von allen Qualitätsadjektiven gebildet werden, und zwar durch Voranstellung von са́мый vor das Adjektiv:

са́мый си́льный	der stärkste
са́мый но́вый	der neueste
са́мый просто́й	der einfachste

– Ein zusammengesetzter Superlativ kann auch durch Verbindung des einfachen Komparativs mit dem Genitiv des Pronomens все gebildet werden:

Она́ ста́рше всех.	Sie ist die Älteste.
Он умне́е всех.	Er ist der Klügste.

5.4.2.3 Gebrauch des Superlativs

Der einfache Superlativ ist für die Schriftsprache typisch und wird seltener verwendet als der zusammengesetzte. Die zusammengesetzte Form mit са́мый wird sowohl in der Schriftsprache als auch in der Umgangssprache gebraucht.

6 Местоимения – Pronomen

6.1 Personalpronomen

Singular		Plural	
я	ich	**мы**	wir
ты	du	**вы, Вы**	ihr, Sie
он, она́, оно́	er, sie, es	**они́**	sie

Kasus	Die Deklination der Personalpronomen			
	Singular			
Nominativ	я	ты	он, оно́	она́
Genitiv	меня́	тебя́	(н)его́ ✗	(н)её
Dativ	мне	тебе́	(н)ему́	(н)ей
Akkusativ	меня́	тебя́	(н)его́	(н)её
Instrumental	мной	тобо́й	(н)им	(н)ей
Präpositiv	(обо 📖) мне	(о) тебе́	(о) нём	(о) ней
	Plural			
Nominativ	мы	вы / Вы	они́	
Genitiv	нас	вас / Вас	(н)их	
Dativ	нам	вам / Вам	(н)им	
Akkusativ	нас	вас / Вас	(н)их	
Instrumental	на́ми	ва́ми / Ва́ми	(н)и́ми	
Präpositiv	(о) нас	(о) вас / Вас	(о) них	

✗ Die Personalpronomen он, оно́, она́, они́ treten in der Form mit vorangestelltem н- nach Präpositionen auf, die nicht von anderen Wortarten abgeleitet wurden, z. B.: без, для, ми́мо, на, над, напро́тив, к, о, пе́ред, под, с, у: без него́ – ohne ihn.

Nach Präpositionen, die von anderen Wortarten stammen, werden die Personalpronomen он, оно́, она́, они́ in der Form ohne vorangestelltes н- verwendet, z. B.: благодаря́, вне, вопреки́, навстре́чу: навстре́чу ей – ihr entgegen.

📖 → Kap. 10.3 „Die Präpositionen о / об / обо"

6.2   Das Reflexivpronomen

Im Russischen gibt es nur ein Reflexivpronomen – себя, das mit allen Personen im Singular und Plural verwendet werden kann und sich immer auf das Satzsubjekt bezieht:

Я пригота́вливаю себе́ суп.   Ich koche mir gerade eine Suppe.
Ты гото́вишь себе́ суп?   Kochst du dir gerade eine Suppe?

Die Deklination des Reflexivpronomens себя́		
Kasus	Singular und Plural	Deutsch
Nominativ	—	
Genitiv	себя́	mich, dich, sich, uns, euch
Dativ	себе́	mir, dir, sich, uns, euch
Akkusativ	себя́	mich, dich, sich, uns, euch
Instrumental	собо́й	—
Präpositiv	(о) себе́	—

6.3 Possessivpronomen

мой / свой ✖	mein	наш / свой	unser
твой / свой	dein	ваш, Ваш / свой	euer, Ihr
его́ / свой	sein	их ✖/ свой	ihr *3. pers pl*
её / свой	ihr *f sg*		

✖ Их bleibt bei der Deklination unverändert.

✖ Das Possessivpronomen свой bezieht sich immer auf das Satzsubjekt:

Я дал ему́ свой телефо́н. ✓ Ich habe ihm meine Telefonnummer gegeben.

Да́йте мне, пожа́луйста, свой телефо́н. Geben Sie mir bitte Ihre Telefonnummer.

Aber: Я дал ему́ твой телефо́н. Ich habe ihm deine Telefonnummer gegeben.

✓ Unüblich: Я дал ему́ мой телефо́н.

Die Deklination von мой (genauso: твой, свой)			
Kasus	m	f	nt	Plural
Nominativ	мой	моя́	моё	мои́
Genitiv	моего́	мое́й	моего́	мои́х
Dativ	моему́	мое́й	моему́	мои́м
Akkusativ	мой/моего́ ✖	мою́	моё	мои́/мои́х ✖
Instrumental	мои́м	мое́й	мои́м	мои́ми
Präpositiv	(о) моём	(о) мое́й	(о) моём	(о) мои́х

Die Deklination von наш (genauso: ваш/Ваш)			
Kasus	m	f	nt	Plural
Nominativ	наш	на́ша	на́ше	на́ши
Genitiv	на́шего	на́шей	на́шего	на́ших
Dativ	на́шему	на́шей	на́шему	на́шим
Akkusativ	наш/на́шего ✖	на́шу	на́ше	на́ши/на́ших ✖
Instrumental	на́шим	на́шей	на́шим	на́шими
Präpositiv	(о) на́шем	(о) на́шей	(о) на́шем	(о) на́ших

✖ Analog zur Substantivdeklination sind der maskuline Akkusativ Singular sowie der Akkusativ Plural aller drei Geschlechter dem Genitiv gleich, wenn sich das Possessivpronomen auf ein Substantiv bezieht, das ein Lebewesen bezeichnet.

6.4 Demonstrativpronomen

э́тот	dieser
тот	jener
тако́й	ein solcher

– Тако́й wird wie ein Adjektiv dekliniert.

Die Deklination von э́тот			
Kasus	m	f	nt	Plural
Nominativ	э́тот	э́та	э́то	э́ти
Genitiv	э́того	э́той	э́того	э́тих
Dativ	э́тому	э́той	э́тому	э́тим
Akkusativ	э́тот / э́того ✗	э́ту	э́то	э́ти / э́тих ✗
Instrumental	э́тим	э́той	э́тим	э́тими
Präpositiv	(об) э́том	(об) э́той	(об) э́том	(об) э́тих

Die Deklination von тот			
Kasus	m	f	nt	Plural
Nominativ	тот	та	то	те
Genitiv	того́	той	того́	тех
Dativ	тому́	той	тому́	тем
Akkusativ	тот / того́ ✗	ту	то	те / тех ✗
Instrumental	тем	той	тем	те́ми
Präpositiv	(о) том	(о) той	(о) том	(о) тех

✗ Analog zur Substantivdeklination sind der maskuline Akkusativ Singular sowie der Akkusativ Plural aller drei Geschlechter dem Genitiv gleich, wenn sich das Demonstrativpronomen auf ein Substantiv bezieht, das ein Lebewesen bezeichnet.

6.5 Interrogativpronomen

Кто?	Wer?
Како́й, кака́я, како́е, каки́е?	Was für ein ..?
Что?	Was?
Кото́рый, кото́рая, кото́рое, кото́рые?	Welch ..?
Ско́лько?	Wie viel?
Чей, чья, чьё, чьи?	Wessen?

6.5.1 Кто und что

Verben, die sich auf das Interrogativpronomen кто beziehen, stehen in der maskulinen Form, Verben, die sich auf что als Subjekt beziehen, in der neutralen Form:

Кто позвони́л *m*? Wer hat angerufen?
Что случи́лось *nt*? Was ist passiert?

Die Deklination von кто und что		
Kasus	Singular	
Nominativ	кто	что
Genitiv	кого́	чего́
Dativ	кому́	чему́
Akkusativ	кого́	что
Instrumental	кем	чем
Präpositiv	(о) ком	(о) чём

6.5.2 Ско́лько

Wenn das Pronomen ско́лько im Nominativ oder Akkusativ steht, dann steht das abhängige Substantiv im Genitiv Plural (nicht zählbare Substantive wie вре́мя, вода́ usw. stehen im Genitiv Singular):

Ско́лько рыб *gen pl* в аква́риуме? Wie viel Fische sind im Aquarium?

Ско́лько воды́ *gen sg* они́ потребля́ют? Wie viel Wasser verbrauchen sie?

In allen übrigen Fällen wird ско́лько + Substantiv wie ein Adjektiv + Substantiv dekliniert.

6.5.3 Како́й und кото́рый

Die Pronomen како́й, кака́я, како́е, каки́е und кото́рый, кото́рая, кото́рое, кото́рые werden wie Adjektive dekliniert.

6.5.4 Чей

Die russischen Zugehörigkeitspronomen чей, чья, чьё und чьи entsprechen dem deutschen Pronomen „wessen".

Die Deklination von чей, чья, чьё, чьи			
Kasus	m	f	nt	Plural
Nominativ	чей	чья	чьё	чьи
Genitiv	чьего́	чьей	чьего́	чьих
Dativ	чьему́	чьей	чьему́	чьим
Akkusativ	чей / чьего́ ✘	чью	чьё	чьи / чьих ✘
Instrumental	чьим	чьей	чьим	чьи́ми
Präpositiv	(о) чьём	(о) чьей	(о) чьём	(о) чьих

✘ Analog zur Substantivdeklination sind der maskuline Akkusativ Singular sowie der Akkusativ Plural aller drei Geschlechter dem Genitiv gleich, wenn sich das Zugehörigkeitspronomen auf ein Substantiv bezieht, das ein Lebewesen bezeichnet.

6.6 Negationspronomen

6.6.1 Negationspronomen mit ни-

никто́	niemand	**никако́й**	keiner
ничто́	nichts	**ниче́й**	niemandem gehörig

Diese verneinenden Pronomen werden von den Fragepronomen кто, что, како́й, чей mit Hilfe der vorangestellten Negationspartikel ни- gebildet und wie Fragepronomen dekliniert:

Я свой а́дрес <u>никому́</u> <u>не</u>✘ дава́ла.

Ich habe meine Adresse niemandem gegeben.

В э́том ведь <u>не</u>✘ было <u>никако́й</u> необходи́мости.

Dazu bestand auch kein Anlass.

✘ Im Russischen muss doppelt verneint werden, d.h. ein verneinendes Pronomen mit ни- verlangt auch die Verneinung des Prädikats durch die Partikel не.

6.6.2 Negationspronomen mit не-

не́кого   niemanden, keinen
не́чего   nichts

Diese verneinenden Pronomen werden nur in unpersönlichen Sätzen verwendet und haben deshalb keine Nominativform. Sie werden wie кто, что dekliniert und sind stets auf не- betont:

Мне не́кого *gen* спроси́ть✘.   Ich habe niemanden, den ich
                                fragen könnte.

Нам не́чего *gen* тебе́ сказа́ть✘.   Wir haben dir nichts zu sagen.

✘ Die Verben stehen in solchen unpersönlichen Sätzen immer in der Infinitivform.

– Präpositionen stehen stehen immer zwischen den Negationspartikeln не oder ни und dem Pronomen, z. B.:

Он ни с кем *inst* не   Er trifft sich mit niemandem.
встреча́ется.

Нам не́ о чём *präp*   Wir haben nichts, worüber wir
разгова́ривать.   uns unterhalten könnten.

6.7 Relativpronomen

Die Fragepronomen кото́рый, кто, что, како́й, како́в, чей, ско́лько können, ähnlich wie im Deutschen, als Relativpronomen auftreten, wenn sie einen Relativsatz einführen:

Он принёс мне лека́рственную   Er brachte mir ein Heilkraut, mit
траву́, <u>кото́рой</u> ле́чат просту́ду.   dem man Erkältungen behandelt

Я и ра́ньше лечи́лась э́той   Ich wurde bereits früher mit die-
траво́й, поле́зное де́йствие   sem Heilkraut behandelt, dessen
<u>кото́рой</u>✘ общеизве́стно.   positive Wirkung allgemein be-
                                kannt ist.

Это лека́рство для тех, <u>кто</u>   Das ist das richtige Medikament
лю́бит пить чай.   für diejenigen, die gerne Tee
                             trinken.

✘ Die Relativpronomen кото́рого, кото́рой, кото́рых stehen immer nach dem zu bestimmenden Substantiv im Nebensatz, wenn sie die Bedeutung von „dessen, deren" haben.

6.8 Indefinitpronomen

6.8.1 Indefinitpronomen mit -то, -ли́бо, -нибу́дь, ко́е-

Eine Reihe unbestimmter Pronomen werden von Fragepronomen mit Hilfe folgender unbestimmter Partikeln gebildet:

-то	кто́-то	jemand	како́й-то	irgendein
	что́-то	etwas	че́й-то	jemandes
-либо	кто́-либо	irgend jemand	како́й-либо	irgendein (beliebiger)
	что́-либо	irgend etwas	че́й-либо	irgend jemandem gehörend
-нибудь	кто́-нибудь	irgend jemand	како́й-нибудь	irgendein (beliebiger)
	что́-нибудь	irgend etwas	че́й-нибудь	irgend jemandem gehörend
ко́е-	ко́е-кто́ ✕	mancher	ко́е-како́й	ein gewisser
	ко́е-что́ ✕	einiges	ко́е-че́й	jemandem gewissen gehörend

✕ Präpositionen trennen die Pronomen ко́е-кто́ und ко́е-что́ in zwei Wörter und stehen dazwischen: ко́е у кого́, ко́е о чём.
Die unbestimmten Pronomen mit Partikel werden wie die entsprechenden Pronomen ohne Partikel dekliniert: кому́-то, с чём-либо etc.

6.8.2 Indefinitpronomen не́кто, не́что, не́сколько, не́который

не́кто

Das Pronomen не́кто wird nur vor Personennamen verwendet und steht immer im Nominativ Singular:

не́кто Владисла́в Силако́в   ein gewisser Wladislaw Silakow

не́что

Das Pronomen не́что wird nur vor Attributen verwendet und steht immer im Nominativ oder Akkusativ Singular:

не́что вку́сное   etwas Leckeres

несколько

Das Pronomen несколько steht an Stelle einer nicht näher definierten Anzahl von Personen oder Gegenständen. Es wird wie das Fragepronomen сколько dekliniert (➜ Kap. 6.5.2):

Мне ещё нужно несколько дней *gen pl*.	Ich brauche noch einige Tage.

некоторый

Das Pronomen некоторый wird wie ein Adjektiv dekliniert:

некоторые люди	einige (manche) Leute

6.9   Definitpronomen

6.9.1 Весь

Das Definitpronomen весь hat die Bedeutung „ganz, alle".

Die Deklination von весь			
Kasus	m	f	nt	Plural
Nominativ	весь	вся	всё	все
Genitiv	всего	всей	всего	всех
Dativ	всему	всей	всему	всем
Akkusativ	весь / всего ✖	всю	всё	все / всех ✖
Instrumental	всем	всей	всем	всёми
Präpositiv	(обо) всём	(обо) всей	(обо) всём	(обо) всех

✖ Analog zur Substantivdeklination sind der maskuline Akkusativ Singular sowie der Akkusativ Plural aller drei Geschlechter dem Genitiv gleich, wenn sich das Definitpronomen auf ein Substantiv bezieht, das ein Lebewesen bezeichnet.

6.9.2 Сам, само, сама, сами

Die Definitpronomen haben сам, само, сама, сами die Bedeutung von „selbst, selber":

Мы сами починили телевизор.	Wir haben den Fernseher selbst repariert.
Они не дали нам свой телевизор, он был нужен им самим.	Sie haben uns ihren Fernseher nicht geliehen, weil sie ihn selber brauchten.

Die Deklination von сам, само́, сама́, са́ми				
Kasus	m	f	nt	Plural
Nominativ	сам	сама́	само́	са́ми
Genitiv	самого́	само́й	самого́	сами́х
Dativ	самому́	само́й	самому́	сами́м
Akkusativ	сам/самого́ ✗	саму́	само́	са́ми/сами́х ✗
Instrumental	сами́м	само́й	сами́м	сами́ми
Präpositiv	(о) само́м	(о) само́й	(о) само́м	(о) сами́х

✗ Analog zur Substantivdeklination sind der maskuline Akkusativ Singular sowie der Akkusativ Plural aller drei Geschlechter dem Genitiv gleich, wenn sich das Definitpronomen auf ein Substantiv bezieht, das ein Lebewesen bezeichnet.

6.9.3 Са́мый

Das Definitpronomen са́мый hat folgende verstärkende Bedeutungen:

– derselbe, dieselbe, dasselbe, dieselben – mit den Pronomen тот, та, то, те:

На нём це́лую неде́лю те же са́мые брю́ки и та же са́мая руба́шка.	Er hat eine Woche lang dieselbe Hose und dasselbe Hemd an.

– direkt, unmittelbar – bei Ortsangaben:

у са́мого вхо́да	direkt beim Eingang

Es wird außerdem zur Bildung des Superlativs verwendet (➔ Kap. 5.4.2.2)

Das Definitpronomen са́мый wird wie ein Adjektiv dekliniert.

6.9.4 Ка́ждый, любо́й, вся́кий

Diese Pronomen geben die Bedeutung von „jeder" in vielfältigen Schattierungen wieder und werden wie Adjektive dekliniert.

7 Имена числительные – Zahlwörter

Im Russischen existieren Grund- und Ordnungszahlen und im Unterschied zum Deutschen auch Sammelzahlen.

7.1 Grundzahlen

Von 1–9		Von 11–19		Zehner		Hunderter	
1	один	11	одиннадцать	10	десять	100	сто
2	два	12	двенадцать	20	двадцать	200	двести
3	три	13	тринадцать	30	тридцать	300	триста
4	четыре	14	четырнадцать	40	сорок	400	четыреста
5	пять	15	пятнадцать	50	пятьдесят	500	пятьсот
6	шесть	16	шестнадцать	60	шестьдесят	600	шестьсот
7	семь	17	семнадцать	70	семьдесят	700	семьсот
8	восемь	18	восемнадцать	80	восемьдесят	800	восемьсот
9	девять	19	девятнадцать	90	девяносто	900	девятьсот

0	ноль
1.000	тысяча
2.000	две тысячи
5.000	пять тысяч
1.000.000	миллион
2.000.000	два миллиона
5.000.000	пять миллионов
1.000.000.000	миллиард
1.000.000.000.000	триллион

7.1.1 Verwendung der Grundzahlen

Die Grundzahlen werden in der Verbindung mit Substantiven nach Geschlecht nicht unterschieden. Eine Ausnahme bildet das Zahlwort один (eins), das drei Geschlechter aufweist:

один чемодан *m*	ein Koffer
одна сумка *f*	eine Tasche
одно одеяло *nt*	eine Decke

Das Zahlwort два weist zwei verschiedene Formen auf:

два чемодана *m*	zwei Koffer
две сумки *f*	zwei Taschen
два одеяла *nt*	zwei Decken

Die nach Grundzahlwörtern stehenden Substantive werden folgendermaßen dekliniert:

– Lediglich nach оди́н, одна́, одно́ steht, wie im Deutschen, der Nominativ.

– Nach den Grundzahlwörtern два, две, три und четы́ре stehen die gezählten Substantive im Genitiv Singular.

– Nach allen anderen Grundzahlwörtern stehen die gezählten Substantive im Genitiv Plural.

Bei zusammengesetzten Zahlen entscheidet das letzte Glied über die Deklination des gezählten Substantivs:

два́дцать оди́н чемода́н *nom sg*	21 Koffer
два́дцать два чемода́на *gen sg*	22 Koffer
два́дцать пять чемода́нов *gen pl*	25 Koffer
со́рок одна́ су́мка *nom sg*	41 Taschen
со́рок две су́мки *gen sg*	42 Taschen
со́рок пять су́мок *gen pl*	45 Taschen

Werden in Verbindung mit Zahlen Adjektive (oder substantivierte Adjektive wie z. B. моро́женое – Eis, бу́лочная – Bäckerei) verwendet, so gelten folgende Regeln:

– Nach оди́н, одна́, одно́ steht das Adjektiv im Nominativ und stimmt in Geschlecht und Kasus mit dem Substantiv überein:

оди́н большо́й чемода́н	ein großer Koffer
одна́ кра́сная су́мка	eine rote Tasche
одно́ тёплое одея́ло	eine warme Decke

§ Nach два, две, три, четы́ре steht das Adjektiv im Plural. Bezieht es sich auf ein maskulines oder neutrales Substantiv, so steht es im Genitiv Plural, stimmt also grammatisch mit seinem Bezugswort nicht überein:

два больши́х *gen pl* чемода́на *gen sg*	zwei große Koffer
три тёплых *gen pl* одея́ла *gen sg*	drei warme Decken

Bezieht sich das Adjektiv auf ein feminines Substantiv, so steht es im Nominativ Plural:

две кра́сные *nom pl* су́мки *gen sg*	zwei rote Taschen

– Nach allen übrigen Zahlwörtern steht das Adjektiv im Genitiv Plural:

семь больши́х *gen pl* чемода́нов *gen pl*	sieben große Koffer
шесть кра́сных *gen pl* су́мок *gen pl*	sechs rote Taschen
де́вять тёплых *gen pl* одея́л *gen pl*	neun warme Decken

7.1.2 Deklination der Grundzahlen

Im Unterschied zum Deutschen werden Grundzahlen im Russischen dekliniert.

– Steht die Grundzahl nicht im Nominativ, so stimmt sie mit den verbundenen Substantiven in Geschlecht, Zahl und Fall überein:

Я не могу́ ждать ни одно́й мину́ты *gen*.	Ich kann keine einzige Minute warten.
Ему́ о́коло восьми́десяти трёх лет *gen pl*.	Er ist ungefähr 83 Jahre alt.
Я зайду́ к тебе́ к четырём часа́м *dat pl*.	Ich komme gegen vier Uhr bei dir vorbei.

7.1.2.1 Deklination von оди́н

Kasus	m	f	nt	Plural
Nominativ	один	одна́	одно́	одни́
Genitiv	одного́	одно́й	одного́	одни́х
Dativ	одному́	одно́й	одному́	одни́м
Akkusativ	один/одного́ ✗	одну́	одно́	одни́/одни́х ✗
Instrumental	одни́м	одно́й	одни́м	одни́ми
Präpositiv	(об) одно́м	(об) одно́й	(об) одно́м	(об) одни́х

7.1.2.2 Deklination von два, три, четы́ре

Kasus	m	f	nt	Plural
Nominativ	два	две	три	четы́ре
Genitiv	двух	двух	трёх	четырёх
Dativ	двум	двум	трём	четырём
Akkusativ	два/двух ✗	две/двух ✗	три/трёх ✗	четы́ре/четырёх ✗
Instrumental	двумя́	двумя́	тремя́	четырьмя́
Präpositiv	(о) двух	(о) двух	(о) трёх	(о) четырёх

✗ Analog zur Substantivdeklination sind der maskuline Akkusativ Singular sowie der Akkusativ Plural aller drei Geschlechter dem Genitiv gleich, wenn sich das Zahlwort auf ein Substantiv bezieht, das ein Lebewesen bezeichnet.

– Die Kategorie der Belebtheit (→ Kap. 4.4.2 „Belebte und unbelebte Substantive") spielt nur bei оди́н, два, три, четы́ре eine Rolle. Bei allen anderen Zahlwörtern gleicht in Verbindung mit belebten Substantiven der Akkusativ dem Nominativ.

7.1.2.3 Deklination von пять, пятьдеся́т, пятьсо́т

Nominativ	пять	пятьдеся́т	пятьсо́т
Genitiv	пяти́	пяти́десяти	пятисо́т
Dativ	пяти́	пяти́десяти	пятиста́м
Akkusativ	пять	пятьдеся́т	пятьсо́т
Instrumental	пятью́	пятью́десятью	пятьюста́ми
Präpositiv	(о) пяти́	(о) пяти́десяти	(о) пятиста́х

– Wie пять werden die Zahlwörter von шесть bis два́дцать sowie три́дцать dekliniert.	– Wie пятьдеся́т werden dekliniert: шестьдесят, семьдесят, во́семьдесят.	– Wie пятьсо́т werden dekliniert: шестьсо́т, семьсо́т, восемьсо́т, девятьсо́т.

7.1.2.4 Deklination von со́рок, девяно́сто, сто

Die Zahlwörter со́рок, девяно́сто und сто haben im Genitiv, Dativ, Instrumental und Präpositiv die Endung -a (сорока́, девяно́ста, ста). Der Akkusativ gleicht dem Nominativ.

7.1.2.5 Deklination von две́сти, три́ста, четы́реста

Nominativ	две́сти	триста	четы́реста
Genitiv	двухсо́т	трёхсо́т	четырёхсо́т
Dativ	двумста́м	трёмста́м	четырёмста́м
Akkusativ	две́сти	три́ста	четы́реста
Instrumental	двумяста́ми	тремяста́ми	четырьмяста́ми
Präpositiv	(о) двухста́х	(о) трёхста́х	(о) четырёхста́х

7.1.3 Rechnen

2 + 2	=	4	два плюс два бу́дет ✗ четы́ре / два плюс два равня́ется четырём
4 – 2	=	2	четы́ре ми́нус два будет ✗ два / равня́ется двум
2 x 3	=	6	два умно́жить на три бу́дет ✗ шесть / равня́ется шести́
6 : 2	=	3	шесть раздели́ть на два бу́дет ✗ три / равня́ется трём
2^3	=	8	два в тре́тьей сте́пени бу́дет ✗ во́семь / равня́ется восьми́
$\sqrt{9}$	=	3	ко́рень из девяти́ бу́дет ✗ три / равня́ется трём

✗ бу́дет kann, insbesondere bei einfachen Berechnungen, auch weggelassen werden: два плюс два – четы́ре.

– Von 2 bis 10 x ... auch:

2 x 3	=	6	два́жды три – шесть
3 x 3	=	9	три́жды три – де́вять
4 x 3	=	12	четы́режды три – двена́дцать
5 x 3	=	15	пя́тью три – пятна́дцать
6 x 3	=	18	ше́стью три – восемна́дцать
7 x 3	=	21	се́мью три – два́дцать оди́н
8 x 3	=	24	во́семью три – два́дцать четы́ре
9 x 3	=	27	де́вятью три – два́дцать семь
10 x 3	=	30	де́сятью три – три́дцать

– Fragen nach Rechenergebnissen werden mit сколько будет ... eingeleitet:

Ско́лько бу́дет два плюс два?	Wie viel ist zwei plus zwei?
Ско́лько бу́дет два умно́жить на три?	Wie viel ist zwei mal drei?
Ско́лько бу́дет се́мью три?	Wie viel ist sieben mal drei?

7.2 Sammelzahlen

Zu den Sammelzahlen gehören folgende Zahlwörter: дво́е – zwei, тро́е – drei, че́тверо – vier, пя́теро – fünf, ше́стеро – sechs, се́меро – sieben, во́сьмеро – acht, де́вятеро – neun, де́сятеро – zehn; о́ба, о́бе – beide.

Nach den Sammelzahlwörtern steht der Genitiv Plural, eine Ausnahme bilden о́ба, о́бе. Hier steht der Genitiv Singular:

тро́е друзе́й *gen pl*	drei Freunde
о́ба чемода́на *gen sg*	beide Koffer
о́бе су́мки *gen sg*	beide Taschen

7.2.1 Verwendung der Sammelzahlen

Der Gebrauch von Sammelzahlen ist in folgenden Fällen obligatorisch:

– mit Substantiven, die nur im Plural gebraucht werden:

Он е́здил тро́е су́ток.	Er war drei Tage unterwegs.
Хоро́шему парикма́херу ну́жно пя́теро но́жниц.	Ein guter Friseur braucht fünf Scheren.
У неё дво́е ра́зных часо́в.	Sie hat zwei verschiedene Uhren.

– mit Substantiven, die Tierjunge bezeichnen:

Волк и се́меро козля́т
В подва́ле живу́т дво́е котя́т,
че́тверо щеня́т и во́сьмеро
цыпля́т.

Der Wolf und die sieben Geißlein
Im Keller leben zwei Katzenjunge,
vier Welpen und acht Küken.

– mit Pronomen, und zwar in der Regel dann, wenn es sich um Personen männlichen Geschlechts handelt:

Пришли́ все че́тверо.
Вчера́ не́ было вас трои́х.

Alle vier sind gekommen.
Gestern fehltet ihr drei.

– alleinstehend, ohne Pronomen oder Substantive, wobei hier auch Personen weiblichen Geschlechts bezeichnet werden können:

Тро́е стоя́ли пе́ред до́мом
и кури́ли.
Их бы́ло в кино́ тро́е:
Ма́ша, Са́ша и тётя Мару́ся.

Drei standen vor dem Haus und
rauchten.
Sie waren zu dritt im Kino:
Mascha, Sascha und Tante Marusja.

– zur Bezeichnung paariger Gegenstände:

дво́е рук
тро́е лыж

zwei Paar Hände
drei Paar Ski

Der Gebrauch von Sammelzahlwörtern ist in folgenden Fällen neben dem Gebrauch von Grundzahlen möglich:

– mit Substantiven, die Personen männlichen Geschlechts bezeichnen:

Пя́теро рабо́чих пришли́ к
нача́льнику́.
Пять рабо́чих пришли́ к
нача́льнику.

Fünf Arbeiter kamen zum Chef.

Fünf Arbeiter kamen zum Chef.

Тро́е лётчиков забастова́ли.
Три лётчика забастова́ли.

Drei Piloten gingen in Streik.
Drei Piloten gingen in Streik.

7.2.2 Deklination der Sammelzahlen

Die Sammelzahlen werden wie der Plural der Adjektive dekliniert. Sie sind (außer óба, óбе) ab dem Genitiv endungsbetont:

Kasus	zwei	drei	vier	beide (m)	beide (f)
Nominativ	двóе	трóе	чétверо	óба	óбе
Genitiv	двоúх	троúх	четверы́х	обóих	обéих
Dativ	двоúм	троúм	четверы́м	обóим	обéим
Akkusativ	двóе/	трóе/	чétверо	óба/	óбе/обéих
	двоúх✗	троúх	четверы́х	обóих	
Instrumental	двоúми	троúми	четверы́ми	обóими	обéими
Präpositiv	(о) двоúх	(о) троúх	(о) четверы́х	(об) обóих	(об) обéих

✗ Analog zur Substantivdeklination ist der Akkusativ Plural dem Genitiv gleich, wenn sich das Sammelzahlwort auf ein Substantiv bezieht, das ein Lebewesen bezeichnet.

Die Sammelzahlwörter пя́теро, шéстеро, céмеро, вóсьмеро, дéвятеро und дécятеро werden wie чétверо dekliniert.

7.3 Ordnungszahlwörter

Von 1–9	Von 11–19	Zehner	Hunderter
1. пéрвый	11. одúннадцатый	10. деся́тый	100. cóтый
2. вторóй	12. двенáдцатый	20. двадцá́тый	200. двухcóтый
3. трéтий	13. тринáдцатый	30. тридцá́тый	300. трёхcóтый
4. четвёртый	14. четы́рнадцатый	40. сороковóй	400. четырёхcóтый
5. пя́тый	15. пятнáдцатый	50. пятидеся́тый	500. пятиcóтый
6. шестóй	16. шестнáдцатый	60. шестидеся́тый	600. шестиcóтый
7. седьмóй	17. семнáдцатый	70. семидеся́тый	700. семиcóтый
8. восьмóй	18. восемнáдцатый	80. восьмидеся́тый	800. восьмиcóтый
9. девя́тый	19. девятнáдцатый	90. девянóстый	900. девятиcóтый

1.000.	ты́сячный
1.000.000	миллиóнный
1.000.000.000	миллиáрдный
1.000.000.000.000	триллиóнный

– Ordnungszahlwörter werden wie Adjektive dekliniert. Das Zahlwort трéтий, трéтья, трéтье weist in allen abgeleiteten Kasus ein -ь- vor der Endung auf.

– Bei mehrgliedrigen Zahlwörtern erhält nur das letzte Wort die Form des Ordnungszahlwortes: со́рок тре́тий, две́сти пятьдеся́т седьмо́й. Ebenso wird nur das letzte Zahlwort dekliniert:

Я родила́сь два́дцать четвёртого ноября́.

Ich wurde am 24. November geboren.

7.4   Bruchzahlen

Bruchzahlen werden durch Verbindung von Grundzahlen mit Ordnungszahlen gebildet. Der Zähler wird durch die Grundzahl im Nominativ, der Nenner durch die Ordnungszahl im Genitiv Plural bezeichnet:

3/5   три пя́тых   7/8   семь восьмы́х

– Ist der Zähler eine Eins oder eine Zwei, so wird er durch die feminine Form одна bzw. две bezeichnet:

1/3   одна́ тре́тья (до́ля едини́цы)   2/5   две пя́тых (до́ли едини́цы)

– Bei gemischten Zahlen wird in der Regel den ganzen Zahlen das Adjektiv це́лый (ganz) angefügt:

1 3/4   одна́ це́лая и✖ три четвёртых

3 5/6   три це́лых и✖ пять шесты́х

✖   и kann auch weggelassen werden.

– Nach einer Bruchzahl steht das von ihr abhängige Substantiv stets im Genitiv Singular:

три пя́тых пове́рхности земли́   drei Fünftel der Erdoberfläche

– Zusammen mit abhängigen Substantiven wird anstelle 1/2 (одна́ втора́я) das Substantiv полови́на, anstelle 1/3 (одна́ тре́тья) das Substantiv треть, sowie anstelle von 1/4 (одна́ четвёртая) das Substantiv че́тверть verwendet:

Са́ша посмотре́л то́лько полови́ну фи́льма.

Sascha hat nur die Hälfte des Films gesehen.

7.5 Dezimalzahlen

Dezimalzahlen werden wie Brüche behandelt:

0,6	ноль це́лых и✕ шесть деся́тых
21,48	два́дцать одна́ це́лая и✕ со́рок во́семь со́тых
39,275	три́дцать де́вять це́лых и✕ две́сти се́мьдесят пять ты́сячных

✕ и kann auch weggelassen werden.

7.6 Datum und Uhrzeit

Како́е сего́дня число́?
Сего́дня пя́тое *nt* сентября́.

Welches Datum haben wir heute?
Heute ist der 5. September.

Когда́ роди́лся Пу́шкин?
Пу́шкин роди́лся шесто́го
  ию́ня *gen* ты́сяча семьсо́т
  девяно́сто девя́того го́да *gen*.
Он у́мер в ты́сяча восемьсо́т
  три́дцать седьмо́м году́ *präp*.

Wann wurde Puschkin geboren?
Puschkin wurde am 6. Juni 1799
  geboren.

Er starb 1837.

Ско́лько сейча́с вре́мени?
Два часа́ три́дцать мину́т
  (полтре́тьего).
без пяти́ (мину́т) три
пять мину́т четвёртого

Wie spät ist es?
2 Uhr 30 (halb drei).

fünf (Minuten) vor drei
fünf (Minuten) nach drei

Когда́ отправля́ется по́езд?
По́езд ухо́дит в два часа́ со́рок
  пять мину́т (без че́тверти три).

Wann fährt der Zug ab?
Der Zug geht um 2 Uhr 45 (Viertel
  vor drei).

8 Наречия – Adverbien

Neben Adverbien wie иногда́ (manchmal), здесь (hier), мно́го (viel)
gibt es Adverbien, die von Adjektiven abgeleitet werden:

– Von Qualitätsadjektiven werden Adverbien abgeleitet, indem die
  Endung -o bzw. -e an den Stamm angefügt wird:

  поле́зный – поле́зно (nützlich); и́скренний – и́скренне (aufrich-
  tig).

– Von Beziehungsadjektiven werden Adverbien abgeleitet, indem das Präfix по- dem neutralen Dativ Singular vorangestellt wird:

В о́тпуске он люби́л одева́ться по-пля́жному.

Im Urlaub zog er sich gern im Strand-Look an.

– Beziehungsadjektive mit der Endung -ский bilden Adverbien mit der Endung -ски:

преда́тельски (verräterisch), логи́чески (logisch), ирони́чески (ironisch).

– Oft wird das Präfix по- vorangestellt:

по-геро́йски (heldenhaft), по-отцо́вски (väterlich), по-ру́сски (russisch).

8.1 Steigerung der Adverbien

Die von Qualitätsadjektiven abgeleiteten Adverbien mit der Endung -o/-e werden wie die entsprechenden Adjektive gesteigert:

Ма́ша побежа́ла бы́стрее.
Ма́ша бе́гала быстре́е всех.

Mascha lief schneller.
Mascha lief am schnellsten.

8.2 Negative Adverbien

– Negative Adverbien mit der Vorsilbe ни- verlangen die doppelte Verneinung durch die Negationspartikel не vor dem Verb:

Я свои́ очки́ нигде́ не нашла́.

Ich habe meine Brille nirgends gefunden.

Здоро́вье нигде́ не ку́пишь.

Gesundheit kann man nirgends kaufen.

Я э́того никогда́ не забу́ду.

Ich werde das nie vergessen.

– Die mit не́- zusammengesetzten verneinenden Adverbien werden ausschließlich in unpersönlichen Sätzen verwendet:

Ей де́ньги взять не́откуда.

Sie kann das Geld nirgends auftreiben.

Мне не́когда.

Ich habe keine Zeit.

9 Глаголы – Verben

Die russischen Verben haben nur drei Zeitstufen: Präsens, Präteritum und Futur. Es existieren zwei Modi: Indikativ und Konjunktiv, wobei lediglich der Indikativ in allen drei Zeitstufen vorkommt. Vom Konjunktiv existiert für alle Zeitstufen nur eine Form.

9.1 Aspekte

Die scheinbare Formenarmut des russischen Verbalsystems wird ausgeglichen durch eine Besonderheit des Russischen: die Aspekte. Fast jedes russische Verb tritt in zwei verschiedenen Formen auf: dem perfektiven (vollendeten) und dem imperfektiven (unvollendeten) Aspekt. Das bedeutet, dass einem deutschen Verb wie z. B. „sehen" zwei russische Verben entsprechen: ви́деть (imperfektiv) und уви́деть (perfektiv). Die Anwendung dieser beiden verschiedenen Formen ist situationsabhängig und die Kunst besteht darin, in der jeweiligen Situation den richtigen Aspekt auszuwählen, denn leider sind die beiden Formen in den seltensten Fällen gleichermaßen verwendbar.

Das Aspektsystem birgt eine Fülle von differenzierten Ausdrucksmöglichkeiten für die verschiedensten Sachverhalte in sich. Grob unterschieden werden die Aspekte durch folgende Unterteilung:

– Der imperfektive Aspekt bezeichnet eine nicht abgeschlossene Handlung in ihrem Ablauf, in ihrer Dauer oder ihrer Wiederholung sowie eine ständige Eigenschaft, einen Zustand des Subjekts. Mit den folgenden Adverbialbestimmungen steht in der Regel der imperfektive Aspekt: ка́ждый день, ка́ждый год, ка́ждый час, ка́ждую мину́ту, обы́чно, ча́сто, всегда́, ежедне́вно, еженеде́льно, це́лыми дня́ми, всё лу́чше и лу́чше usw. Der imperfektive Aspekt bildet alle drei Zeitstufen: Präsens, Präteritum und Futur.

– Der perfektive Aspekt bezeichnet eine abgeschlossene, zeitlich begrenzte Handlung, unabhängig davon, ob es sich um ihren Beginn oder ihren Abschluß handelt, eine einmalige Handlung, die ein bestimmtes Ergebnis hat. Mit folgenden Adverbialbestimmungen steht in der Regel der perfektive Aspekt: вдруг, неожи́данно, внеза́пно, случа́йно, впервы́е, момента́льно, в одну́ мину́ту, сейча́с же usw. Der perfektive Aspekt bildet nur Präteritum und Futur, ein perfektives Präsens existiert nicht (→ Kap. 9.4.1 „Präsens").

9.1.1 Bildung der Aspekte

– Die meisten Verben ohne Präfigierung gehören dem imperfektiven Aspekt an. Durch Voranstellung eines Präfix werden diese Verben perfektiv, gleichzeitig tritt häufig eine Bedeutungsveränderung ein:

imperfektiver Aspekt	perfektiver Aspekt	Deutsch:
кури́ть – rauchen	вы́курить	zu Ende rauchen
	закури́ть	sich eine Zigarette anzünden
	накури́ть	vollqualmen
	перекури́ть	eine Rauchpause einlegen
	покури́ть	eine gewisse Zeit mit Rauchen verbringen
	прикури́ть	sich an der Zigarette eines anderen eine Zigarette anzünden

– Es gibt auch Verben, die keinen Aspektpartner haben, wie z. B. находи́ться, impf. (sich befinden), состояться, pf. (stattfinden) u. a.

– Von den durch Präfix gebildeten perfektiven Verben wird in der Regel durch Einschub der Suffixe **-ыва-**, **-ва-** und **-ива-** der imperfektive Aspektpartner gleicher Bedeutung gebildet:

perfektiver Aspekt	imperfektiver Aspekt
вы́курить	выку́ривать
закури́ть	заку́ривать
накури́ть	наку́ривать
перекури́ть	переку́ривать
покури́ть	поку́ривать
прикури́ть	прику́ривать

– Manche imperfektiven Aspektpartner werden von perfektiven Formen auf -ить durch Einschub des Suffixes **-а-**, **-я-** abgeleitet wie z. B.:

perfektiver Aspekt	imperfektiver Aspekt	Deutsch
получи́ть	получа́ть	bekommen
бро́сить	броса́ть	werfen
замени́ть	заменя́ть	ersetzen

– Einige Aspektpaare gehören zwei verschiedenen Wortstämmen an wie z. B.:

perfektiver Aspekt	imperfektiver Aspekt	Deutsch
взять	брать	nehmen
положи́ть	класть	legen

сказа́ть	говори́ть	sprechen
сесть с	ади́ться	sich setzen
лечь	ложи́ться	sich legen

9.1.2 Gebrauch der Aspekte

Die wichtigsten Funktionen der russischen Verbalaspekte im Präteritum, Futur, Infinitiv und Imperativ finden Sie in der nachfogenden Übersicht dargestellt.

9.1.2.1 Gebrauch der Aspekte im Präteritum

Präteritum	
imperfektiver Aspekt	perfektiver Aspekt
– Zum Ausdruck einer sich wiederholenden Handlung: Ле́том она́ по́здно ложи́лась спать. Im Sommer legte sie sich (immer) spät schlafen.	– Zum Ausdruck einer einmaligen Handlung: Вчера́ она́ по́здно легла́ спать. Gestern legte sie sich spät schlafen.
– Zum Ausdruck des Handlungsablaufs: Ма́ша весь ве́чер рисова́ла карти́ну. Mascha zeichnete den ganzen Abend an einem Bild (und es ist unklar, ob es fertig ist).	– Zum Ausdruck der Vollendung einer Handlung: Ма́ша нарисова́ла карти́ну и подари́ла её подру́ге. Mascha zeichnete ein Bild (bis es fertig war) und schenkte es ihrer Freundin.
– Zur Wiedergabe von gleichzeitig ablaufenden Handlungen: Са́ша чи́стил зу́бы, а Ма́ша мы́ла го́лову. Sascha putzte sich die Zähne und Mascha wusch sich die Haare.	– Zur Wiedergabe aufeinander folgenden und abgeschlossenen Handlungen: Снача́ла Са́ша почи́стил зу́бы, а пото́м Ма́ша помы́ла го́лову. Zuerst putzte sich Sascha die Zähne, dann wusch sich Mascha die Haare.

Präteritum	
imperfektiver Aspekt	perfektiver Aspekt
– Zur Wiedergabe des Ablaufes einer Handlung vor dem Hintergrund einer anderen: В до́ме хло́пали дверьми́, пока́ ма́ма игра́ла на пиани́но. Im Haus knallte jemand (ständig) mit der Tür, während Mutter Klavier spielte.	– Zur Wiedergabe einer momentanen Handlung vor dem Hintergrund eines Prozesses, der durch ein imperfektives Verb ausgedrückt ist: В до́ме хло́пнули две́рью, когда́ ма́ма игра́ла на пиани́но. Im Haus knallte jemand (einmal) mit der Tür, während Mutter Klavier spielte.
– Zum Ausdruck einer Handlung, deren Resultat zum Redemoment annulliert ist (➔ Kap. 9.2.1 „Aspekte der Verben der Fortbewegung"): Мы зна́ем, что вор открыва́л сейф, потому́ что он забы́л в нём свои́ перча́тки. Wir wissen, dass der Dieb den Safe öffnete, weil er seine Handschuhe darin vergessen hat. (Der Safe ist geschlossen).	– Zum Ausdruck einer einmaligen abgeschlossenen Handlung: Вор откры́л сейф, взял де́ньги и исче́з. Der Dieb öffnete den Safe, nahm das Geld und verschwand. (Der Safe ist geöffnet).
– Zum Ausdruck eines Zustandes, der sich auf die Vergangenheit bezieht und der zum Redemoment nicht mehr besteht: Мне в де́тстве нра́вилась ри́совая ка́ша (= сейча́с не нра́вится). In meiner Kindheit habe ich gerne Milchreis gegessen. (Jetzt esse ich ihn nicht mehr gerne).	– Zum Ausdruck eines Zustandes, der sich auf die Vergangenheit bezieht und zum Redemoment noch besteht: Мне ещё в де́тстве понра́вилась ри́совая ка́ша (= нра́вится и сейча́с). Seit meiner Kindheit esse ich gerne Milchreis. (Auch jetzt esse ich ihn gerne).

9.1.2.2 Gebrauch der Aspekte im Futur

Futur	
imperfektiver Aspekt	perfektiver Aspekt
– Zum Ausdruck einer sich wiederholenden Handlung oder einer Handlung, die als Prozess aufgefasst wird: Я бу́ду писа́ть тебе́ ка́ждую неде́лю. Ich werde dir jede Woche schreiben.	– Zum Ausdruck einer einmaligen Handlung und der Überzeugung des Sprechenden davon, dass die handelnde Person die Handlung ausführen und das gewünschte Resultat erreichen wird: За́втра я напишу́ и отпра́влю письмо́ (= смогу́ написа́ть и отпра́вить). Morgen schreibe ich einen Brief (bis er fertig ist) und schicke ihn ab.
– Zum Ausdruck von gleichzeitig ablaufenden Handlungen: Мы бу́дем танцева́ть и петь. Wir werden tanzen und dabei singen.	– Zum Ausdruck von einer Reihenfolge von abgeschlossenen Handlungen: Снача́ла потанцу́ем, пото́м пе́сню споём. Zuerst werden wir tanzen und dann ein Lied singen.
– Zum Ausdruck einer Handlung, die das Subjekt nicht ausführen wird, weil es nicht will oder nicht muss: Я не бу́ду экза́мен сдава́ть (= не хочу́ сдава́ть/ не должна́ сдава́ть). Ich werde die Prüfung nicht ablegen (ich will nicht, bzw. ich muss nicht).	– Zum Ausdruck einer Handlung, die das Subjekt nicht ausführen wird, weil es nicht kann bzw. weil es das gewünschte Resultat nicht erreichen kann: Я не сдам экза́мен, так как у меня́ не́ было вре́мени для подгото́вки. Ich werde/kann die Prüfung nicht bestehen, weil ich keine Zeit zur Vorbereitung hatte.

9.1.2.3 Gebrauch der Aspekte im Infinitiv

Infinitiv	
imperfektiver Aspekt	**perfektiver Aspekt**
– Zum Ausdruck eines Prozesses oder einer sich wiederholenden Handlung: Она́ всегда́ хоте́ла рабо́тать за рубежо́м. Sie wollte schon immer im Ausland arbeiten.	– Zum Ausdruck einer einmaligen Handlung: Она́ всегда́ хоте́ла съе́здить в Кита́й. Sie wollte schon immer einmal eine Reise nach China machen.
– Die Handlung wird verboten (in Verbindung mit нельзя́), nicht empfohlen (in Verbindung mit не на́до, не́зачем, не сле́дует, не сто́ит u. a.): На борту́ самолёта нельзя́ кури́ть. An Bord des Flugzeuges darf man nicht rauchen. Вам не сле́дует кури́ть. Sie sollten nicht rauchen.	– Es ist unmöglich, die Handlung auszuführen (in Verbindung mit нельзя́): На у́лице си́льный ве́тер, да́же закури́ть нельзя́. Auf der Straße weht der Wind so stark, dass man nicht einmal eine Zigarette anzünden kann.
– Zum Ausdruck einer Bitte, eines Ratschlags oder eines Befehls, die Handlung nicht auszuführen: Я прошу́ Вас не закрыва́ть окно́. Ich bitte Sie, das Fenster nicht zu schließen.	– Zum Ausdruck einer Bitte, eines Ratschlags oder eines Befehls, eine einmalige Handlung auszuführen: Я прошу́ Вас закры́ть окно́. Ich bitte Sie, das Fenster zu schließen.
– Nach Verben, die Beginn, Fortdauer und Abschluß einer Handlung bezeichnen: Он на́чал говори́ть. Er begann zu sprechen. Она́ переста́ла есть мя́со. Sie hörte auf, Fleisch zu essen.	

9.1.2.4 Gebrauch der Aspekte im Imperativ

Imperativ	
imperfektiver Aspekt	perfektiver Aspekt
– Zum Ausdruck einer Einladung, eine Handlung auszuführen: Сади́тесь, пожа́луйста! Nehmen Sie bitte Platz!	– Zum Ausdruck eines Befehls: Ся́дьте! Setzen Sie sich!
– Zum Ausdruck einer Bitte oder einer Aufforderung, eine sich wiederholende oder andauernde Handlung auszuführen: Регуля́рно полоска́йте ра́ну. Spülen Sie die Wunde regelmäßig.	– Zum Ausdruck einer Bitte, einer Aufforderung oder eines Befehls, eine einmalige Handlung auszuführen: По́сле сня́тия повя́зки прополоска́йте ра́ну. Spülen die Wunde nach Entfernen des Verbandes.

9.2 Verben der Fortbewegung

Das Russische unterscheidet im Unterschied zum Deutschen bei Verben der Fortbewegung wie z. B. „gehen", „fahren", „schwimmen" zwischen einer zielgerichteten und einer nicht zielgerichteten Bewegung. Jede Fortbewegung kann durch unbestimmte Verben als nicht zielgerichtet oder durch bestimmte Verben als zielgerichtet wiedergegeben werden. Sowohl die bestimmte als auch die unbestimmte Form gehören dem imperfektiven Aspekt an. Da diese Unterscheidung im Deutschen nicht getroffen wird, entspricht einem deutschen Verb ein russisches Verbpaar. Es handelt sich um folgende vierzehn Verbpaare:

Bestimmte Bewegung	Unbestimmte Bewegung	Deutsch
бежа́ть	бе́гать	laufen, rennen
брести́	броди́ть	schlendern
везти́	вози́ть	fahrend transportieren
вести́	води́ть	führen
гнать	гоня́ть	treiben, jagen
е́хать	е́здить	fahren
идти́	ходи́ть	gehen
кати́ть	ката́ть	wälzen, rollen
лезть	ла́зить	klettern
лете́ть	лета́ть	fliegen
нести́	носи́ть	tragen
плыть	пла́вать	schwimmen
ползти́	по́лзать	kriechen
тащить	таскать	schleppen

Die Verben der _bestimmten_ Bewegung bezeichnen:
– eine Bewegung in eine Richtung:

Ма́ша идёт сейча́с в бассе́йн.   Mascha geht jetzt ins Schwimmbad.

– eine Bewegung mit Hinweis auf ihr Ziel:

Мы е́дем во Фра́нцию.   Wir fahren nach Frankreich.

Die Verben der _unbestimmten_ Bewegung bezeichnen:
– eine Bewegung hin und zurück, eine mehrmalig ausgeführte Bewegung:

Ма́ша хо́дит в бассе́йн.   Mascha geht (oft) ins Schwimmbad. (Sie geht zum Schwimmbad und wieder zurück nach Hause).

Мы ча́сто е́здили во Фра́нцию.   Wir fuhren oft nach Frankreich (und wieder zurück nach Hause).

– eine nicht zielgerichtete Bewegung:

Му́ха пла́вает в бока́ле вина́.   Die Mücke schwimmt im Weinglas.

– eine ständige Eigenschaft, eine allgemeine Fähigkeit:

Ры́бы пла́вают.   Fische (können) schwimmen.

Öffentliche Verkehrsmittel, die nach einem Plan verkehren, werden in der Regel mit den Verben идти́ – ходи́ть genannt:

Авто́бус хо́дит ка́ждые пять мину́т.	Der Bus fährt alle fünf Minuten.
Трамва́й идёт в центр.	Die Straßenbahn fährt in die Stadt- mitte.
Паро́м хо́дит то́лько ле́том.	Die Fähre verkehrt nur im Sommer.

Parallel hierzu wird eine Fortbewegung per Schiff, Fähre, Floß usw. mit den Verben плыть – пла́вать bezeichnet:

Парохо́д плывёт из Га́мбурга в Пана́му.	Der Dampfer fährt von Hamburg nach Panama.
В воскресе́нье мы пла́вали на ло́дке.	Am Sonntag sind wir Boot gefahren.

9.2.1 Aspekte der Verben der Fortbewegung

Im Präsens und Präteritum gehören sowohl die bestimmte als auch die unbestimmte Form dem imperfektiven Aspekt an. Werden bestimmte und unbestimmte Formen mit einem Präfix versehen, wird die Kategorie der Bestimmtheit aufgehoben und die beiden Verben werden zu einem gewöhnlichen Aspektpaar. Dabei wird das bestimmte Verb perfektiv und das unbestimmte Verb imperfektiv, z. B.:

perfektiv	imperfektiv	Deutsch
прие́хать	приезжа́ть	kommen (mit einem Transportmittel, nicht zu Fuß)
уйти́	уходи́ть	weggehen
войти́	входи́ть	hineingehen

– Der perfektive Aspekt drückt eine einmalige Handlung, eine Bewegung in eine Richtung aus:

Вчера ко мне приéхала . сестрá	Gestern ist meine Schwester zu mir gekommen. (Sie ist immer noch bei mir)
Пóезд ушёл.	Der Zug ist abgefahren. (Er ist nicht mehr da).

– Der imperfektive Aspekt kann auf eine Bewegung hinweisen, deren Resultat zum Redemoment annulliert ist, d. h. eine Bewegung in beide Richtungen, hin und zurück (➔ Kap. 9.1.2.1 „Gebrauch der Aspekte im Präteritum"):

Вчерá ко мне приезжáла сестрá.	Gestern war meine Schwester bei mir. (Sie ist wieder weggefahren, nicht mehr da.)
Пóсле зáвтрака я уходúла на рабóту.	Nach dem Frühstück ging ich zur Arbeit (und kam wieder zurück nach Hause).

Der imperfektive Aspekt kann auf eine wiederholte Handlung hinweisen:

Áисты кáждый год перелетáли чéрез Средизéмное мóре.	Die Störche überflogen jedes Jahr das Mittelmeer.

✕ Durch Präfigierung mit по- entstehen keine Aspektpaare, da hier sowohl die bestimmten als auch die unbestimmten Formen zu perfektiven Verben werden. Die mit по- präfigierten perfektiven Formen heben den Beginn einer Handlung hervor:

Кóгда мы увúдели чёрные тýчи, мы побежáли.	Als wir die schwarzen Wolken sahen, fingen wir an zu laufen.

Dagegen zeigen die mit по- präfigierten imperfektiven Formen die kurze Dauer einer Handlung an:

Сначáла дéти поигрáли, потóм онú устáли и уснýли.	Zuerst spielten die Kinder ein bisschen, dann wurden sie müde und schliefen ein.

9.3 Das Verb быть – sein

Im Präsens werden die Konjugationsformen von быть zum Ausdruck des deutschen Verbs „sein" nicht gebraucht. Die im Deutschen mit „sein" verbundenen Satzglieder werden im Russischen ohne Verbindung durch ein Verb nebeneinander gestellt:

Са́ша – социо́лог.	Sascha ist Soziologe.
Он всегда́ за́нят.	Er ist immer beschäftigt.

Im Präteritum muss die entsprechende Form von быть gebraucht werden. Ein Substantiv als Prädikatsnomen steht in der Regel im Instrumental:

Са́ша был социо́лолом *inst.*	Sascha war Soziologe.
Он был всегда́ за́нят.	Er war immer beschäftigt.

Im Futur werden die Konjugationsformen von быть verwendet (➜ Kap 9.4.2 „Futur"). Auch hier steht ein Substantiv als Prädikatsnomen in der Regel im Instrumental, dies gilt ebenso für den Konjunktiv:

Futur

Его мать ду́мает, что он бу́дет изве́стным профе́ссором *inst.*	Seine Mutter glaubt, dass er ein bekannter Professor wird.

Konjunktiv

Для неё это бы́ло бы большо́й ра́достью *inst.*	Das wäre eine große Freude für sie.

Taucht быть im Infinitiv auf, stehen Adjektiv und Substantiv in der Regel im Instrumental:

Его мечта́ – быть хорошо́ опла́чиваемым сотру́дником *inst* междунаро́дного конце́рна.	Sein Traum ist, ein gutbezahlter Mitarbeiter eines internationalen Konzerns zu sein.

9.4 Zeiten

9.4.1 Präsens

Imperfektive Verbformen bilden das Präsens durch Anfügen der Personalendungen im Präsens. Die perfektiven Verbformen bilden kein Präsens. Durch Anfügen der Präsensendung an perfektive Verben erhält man das perfektive Futur:

Она́ говори́т со свое́й сосе́дкой.	Sie spricht mit ihrer Nachbarin.
Она́ поговори́т со свое́й сосе́дкой.	Sie wird mit ihrer Nachbarin sprechen.

9.4.1.1 Personalendungen der e-Konjugation

Präsens			
stammbetont		endungsbetont	
vokalisch auslautender Präsensstamm	konsonantisch auslautender Präsensstamm	vokalisch auslautender Präsensstamm	konsonantisch auslautender Präsensstamm
игра́ть spielen	ре́зать schneiden	встава́ть aufstehen	соса́ть saugen
я игра́ю	ре́жу	встаю́	сосу́
ты игра́ешь	ре́жешь	встаёшь	сосёшь
она́, он, игра́ет оно́	ре́жет	встаёт	сосёт
мы игра́ем	ре́жем	встаём	сосём
вы игра́ете	ре́жете	встаёте	сосёте
они́ игра́ют	ре́жут	встаю́т	сосу́т

– Beim konsonantisch auslautenden Präsensstamm findet häufig ein Konsonantenwechsel nach folgenden Regeln statt:

г, д, з	→	ж
к	→	ч
т	→	ч, щ
с, х	→	ш
ск, ст	→	щ
в, б, м, п, ф	→	вл, бл, мл, пл, фл

– Nach der e-Konjugation werden die meisten Verben auf -ать, -ять, viele auf -еть, alle Verben auf -сти, -зти sowie alle einsilbigen Verben auf -ить einschließlich der von ihnen abgeleiteten Verben konjugiert.

– Bei den einsilbigen Verben auf -ить wird der Stammvokal -и- zu -ь-: пить → пью, пьёшь; вить → вью, вьёшь.

– Bei Verben auf -овать und -евать verändert sich das Suffix -ов- in -у- und -ев- in -ю-, z. B. сова́ть → сую́, суёшь; клева́ть → клюю́, клюёшь.

– Verben auf -авать- verlieren im Präsensstamm das Suffix -ва-, z. B.: дава́ть → даю́, даёшь.

9.4.1.2 Personalendungen der i-Konjugation

Präsens		
konsonantisch auslautender Präsensstamm	vokalisch auslautender Präsensstamm	Präsensstamm auf Zischlaut
люби́ть lieben	стоя́ть stehen	дрожа́ть zittern

	konsonantisch	vokalisch	Zischlaut
я	люблю́	стою́	дрожу́
ты	лю́бишь	стои́шь	дрожи́шь
она́, он, оно́	лю́бит	стои́т	дрожи́т
мы	лю́бим	стои́м	дрожи́м
вы	лю́бите	стои́те	дрожи́те
они́	лю́бят	стоя́т	дрожа́т

– Der Konsonantenwechsel findet in der i-Konjugation nur in der 1. Person Singular statt, z. B.:

ви́деть	→ ви́жу, ви́дишь, ви́дит, ви́дим, ви́дите, ви́дят.
встре́тить	→ встре́чу, встре́тишь, встре́тит, встре́тим, встре́тите, встре́тят.
тормози́ть	→ торможу́, тормози́шь, тормози́т, тормози́м, тормози́те, тормозя́т.

– Nach der i-Deklination werden alle mehrsilbigen Verben auf -ить, viele Verben auf -еть sowie einige Verben auf -ать, -ять konjugiert.

9.4.2 Futur

Im Russischen existieren zwei Futurformen, eine imperfektive, zusammengesetzte und eine perfektive, einfache. Die zusammengesetze Form wird von imperfektiven Verben mit den Konjugationsformen von быть gebildet, die einfache Form wird durch Anfügen von Präsensendungen an den Stamm von perfektiven Verben gebildet. Ein Bedeutungsunterschied besteht lediglich im Hinblick auf die Aspekte (→ Kap. 9.1.2.2 „Gebrauch der Aspekte im Futur").

Zusammengesetztes Futur Imperfektiver Aspekt			Deutsch	Einfaches Futur Perfektiver Aspekt	
я	бу́ду	игра́ть	ich werde spielen	я	сыгра́ю
ты	бу́дешь	игра́ть	du wirst spielen	ты	сыгра́ешь
она́, он, оно́	бу́дет	игра́ть	sie wird spielen	она́	сыгра́ет
мы	бу́дем	игра́ть	wir werden spielen	мы	сыгра́ем
вы	бу́дете	игра́ть	ihr werdet spielen	вы	сыгра́ете
они́	бу́дут	игра́ть	sie werden spielen	они́	сыгра́ют

9.4.3 Präteritum

Lautet der Infinitivstamm von perfektiven oder imperfektiven Verben auf einen Vokal aus, so wird die Infinitivendung -ть durch **-ла**, **-л**, **-ло**, **-ли** ersetzt:

Präteritum				
Infinitiv	f: я, ты, она́	m: я, ты, он	nt: оно́	pl: мы, вы, они́
спать schlafen	спала́	спал	спало́	спа́ли
гуля́ть spazieren	гуля́ла	гуля́л	гуля́ло	гуля́ли
бить schlagen	би́ла	бил	би́ло	би́ли

Die meisten Verben mit konsonantischem Stammauslaut bilden ein unregelmäßiges Präteritum wie z. B.:

Unregelmäßige Präteritumformen				
Infinitiv	f: я, ты, она́	m: я, ты, он	nt: оно́	pl: мы, вы, они́
вести́ führen везти́ transportieren нести́ tragen мочь können класть legen расти́ wachsen идти́ gehen	вела́ везла́ несла́ могла́ клала́ росла́ шла	вёл вёз нёс мог клал рос шёл	вело́ везло́ несло́ могло́ клало́ росло́ шло	вели́ везли́ несли́ могли́ кла́ли росли́ шли

Das russische Präteritum entspricht allen drei Zeitstufen der Vergangenheit im Deutschen:

Они́ бесе́довали три часа́. Sie unterhielten sich drei Stunden.
　　　　　　　　　　　　　 Sie haben sich drei Stunden unterhalten.
　　　　　　　　　　　　　 Sie hatten sich drei Stunden unterhalten.

9.4.4 Konjunktiv

Der Konjunktiv wird mit der Form des Präteritums und der Partikel **бы** gebildet, die sowohl vor als auch nach dem Verb stehen kann:

Konjunktiv				
Infinitiv	f: я, ты, она́	m: я, ты, он	nt: оно́	pl: мы, вы, они́
спать schlafen гуля́ть spazieren бить schlagen	спа́ла бы гуля́ла бы би́ла бы	спал бы гуля́л бы бил бы	спало́ бы гуля́ло бы би́ло бы	спа́ли бы гуля́ли бы би́ли бы

– In unpersönlichen Sätzen steht бы mit dem Infinitiv:

Хорошо́ бы съе́здить в го́ры.　Es wäre schön, in die Berge zu
　　　　　　　　　　　　　　　fahren.

Sämtliche deutschen Zeitstufen des Konjunktiv werden im Russischen durch eine Form wiedergegeben:

Е́сли бы мы зна́ли доро́гу, мы　Wenn wir den Weg kennen würden,
　не заблуди́лись бы.　　　　　würden wir uns nicht verirren.
　　　　　　　　　　　　　　　oder:
　　　　　　　　　　　　　　　Wenn wir den Weg gekannt hätten,
　　　　　　　　　　　　　　　hätten wir uns nicht verirrt.

9.4.5 Imperativ

Der Imperativ wird gebildet, indem die Präsensendung der 3. Person Plural bei imperfektiven Verben und der 3. Person Plural des einfachen Futur bei perfektiven Verben durch die Imperativendung ersetzt wird. Die Verwendung der Aspekte wird beschrieben in → Kap. 9.1.2.4 „Gebrauch der Aspekte im Imperativ".

9.4.5.1 Imperativ auf -й, -йте (-йàя, -йтеàь)

Die Endungen -й, -йте (bei reflexiven Verben -йся, -йтесь) stehen, wenn der Präsens-, bzw. Futurstamm auf einen Vokal auslautet:

Imperativ auf -й, -йте (-йся, -йтесь)				
3. Person Plural		Imperativ Singular Imperativ Plural		Imperativ Singular Imperativ Plural
imperfektiv	perfektiv	imperfektiv	perfektiv	Deutsch
по**ю**т	спо**ю**т	По**й**! По**йте**!	Спо́**й**! Спо́**йте**!	Sing! Singt! Singen Sie!
вст**а**ю́т	→ Kap. 9.4.5.3	Встава́**й**! Встава́**йте**!	→ Kap. 9.4.5.3	Steh auf! Steht auf! Stehen Sie auf!
открыв**а́**ют	откр**о́**ют	Открыва́**й**! Открыва́**йте**!	Откро́**й**! Откро́**йте**!	Öffne! Öffnet! Öffnen Sie!
бр**е́**ются	побр**е́**ются	Бре́**йся**! Бре́**йтесь**!	Побре́**йся**! Побре́**йтесь**!	Rasier dich! Rasiert euch! Rasieren Sie sich!

9.4.5.2 Imperativ auf -й, -йте (-йсь, -йтесь)

Die Endungen -й, -йте (bei reflexiven Verben -йсь, -йтесь) stehen, wenn der Präsens- bzw. Futurstamm auf einen Konsonanten auslautet und die 1. Person Singular des Präsens, bzw. des einfachen Futurs endbetont ist:

Imperativ auf -й, -йте (-йсь, -йтесь)				
1. Person Singular 3. Person Plural		Imperativ Singular Imperativ Plural		Imperativ Singular Imperativ Plural
imperfektiv	perfektiv	imperfektiv	perfektiv	Deutsch
пишу́ пи́шут	напишу́ напи́шут	Пиши́! Пиши́те!	Напиши́! Напиши́те!	Schreib! Schreibt! Schreiben Sie!
сплю спят	посплю́ поспя́т	Спи! Спи́те!	Поспи́! Поспи́те!	Schlaf! Schlaft! Schlafen Sie!
сажу́сь садя́тся	→ Кар. 9.4.5.3	Сади́сь! Сади́тесь!	→ Кар. 9.4.5.3	Setz dich! Setzen Sie sich! Setzt euch!

9.4.5.3 Imperativ auf -ь, -ьте (-ься, -ьтеаь)

Die Endungen -ь, -ьте (bei reflexiven Verben -ься, -ьтесь) stehen, wenn der Präsens- bzw. Futurstamm auf einen Konsonanten auslautet und die 1. Person Singular des Präsens bzw. des einfachen Futurs stammbetont ist:

Imperativ auf -ь, -ьте (-ься, -ьтесь)				
1. Person Singular 3. Person Plural		Imperativ Singular Imperativ Plural		Imperativ Singular Imperativ Plural
imperfektiv	perfektiv	imperfektiv	perfektiv	Deutsch
→ Кар. 9.4.5.1	вста́ну вста́нут	→ Кар. 9.4.5.1	Встань! Вста́ньте!	Steh auf! Steht auf! Stehen Sie auf!
→ Кар. 9.4.5.2	ся́ду ся́дут	→ Кар. 9.4.5.2	Сядь! Ся́дьте!	Setz dich! Setzen Sie sich! Setzt euch!
сы́плю сы́пят			Сыпь! Сы́пьте!	Streu! Streuen Sie! Streut!

9.4.6 Passiv

Neben Passivkonstruktionen, die durch ein Partizip Passiv wiederge-geben werden (→ Kap. 9.6.3, → Kap. 9.6.4), gibt es im Russischen die Möglichkeit, eine deutsche Passivkonstruktion durch Reflexivverben (→ Kap. 9.5) oder durch unbestimmt-persönliche Sätze (→ Kap. 14.2.1) wiederzugeben, in denen transitive Verben in der 3. Person Plural ohne Subjekt verwendet werden:

У́тром и ве́чером ко́рмят скот.	Morgens und abends wird das Vieh gefüttert.
В на́шем до́ме регуля́рно мо́ют ле́стницу.	In unserem Haus wird regelmäßig die Treppe geputzt.

9.5　Reflexivverben

Reflexivverben werden durch Anfügen der Partikel -ся an den Infini-tiv gebildet:

причеса́ть	kämmen	причеса́ться	sich kämmen
брить	rasieren	бри́ться	sich rasieren
кра́сить	anstreichen, färben	кра́ситься	sich schminken

Nach Vokalen wird -ся zu -сь:

я	причёсыва**юсь**	ich kämme mich
ты	причёсываешься	du kämmst dich
она	причёсывается	sie kämmt sich
мы	причёсываемся	wir kämmen uns
вы	причёсывает**есь**	ihr kämmt euch
они	причёсываются	sie kämmen sich

Die Reflexivpartikel -ся hat noch andere wichtige Funktionen:

– Die Partikel -ся kann Gegenseitigkeit ausdrücken:

Мы давно́ не ви́дились.	Wir haben uns lange nicht gesehen.
Дава́й за́втра встре́тимся.	Komm, wir treffen uns morgen.

– Durch -ся kann eine deutsche Passivkonstruktion wiedergegeben werden:

В на́шем регио́не выра́щи-вается виногра́д.	In unserer Gegend wird Wein angebaut.
Ремо́нт заверши́лся в ноябре́.	Die Renovierung wurde im November abgeschlossen.

– Die Reflexivpartikel -ся drückt in unpersönlichen Sätzen einen Umstand aus, der sich dem Willen des Subjekts entzieht.

Мне не спи́тся.	Ich kann nicht schlafen.
Он тако́й не́рвный, что ему́ не сиди́тся.	Er ist so nervös, dass er nicht stillsitzen kann.
Нам хоте́лось бы съе́здить в Португа́лию.	Wir würden gerne nach Portugal fahren.

– Eine ganze Reihe russischer Verben sind reflexiv, ihre deutsche Entsprechung ist dagegen nicht reflexiv, und umgekehrt, wie z. B.:

reflexiv	nicht reflexiv	nicht reflexiv	reflexiv
нра́виться	gefallen	отдыха́ть	sich erholen
купа́ться	baden	разгова́ривать	sich unterhalten

9.6 Partizipien

9.6.1 Partizip Präsens Aktiv

Das Partizip Präsens Aktiv wird im Russischen von der 3. Person Plural der imperfektiven Verben abgeleitet. Der Auslaut auf -т wird durch -щ- + Adjektivendung ersetzt:

Infinitiv	3. Pers. Pl.	Partizip Präsens Aktiv	Deutsch
лета́ть	лета́ют	лета́ющая таре́лка лета́ющий а́ист лета́ющее о́блако лета́ющие вертолёты	eine fliegende Untertasse ein fliegender Storch eine fliegende Wolke fliegende Hubschrauber

Das Partizip Präsens Aktiv wird dekliniert wie ein Adjektiv, das auf Zischlaut endet (➜ Kap. 5.1.4).

Das Partizip wird als Attribut ausschließlich in der Schriftsprache verwendet:

Прожива́ющие на на́шей у́лице лю́ди получи́ли письмо́ из городско́го управле́ния.	Die Anwohner unserer Straße haben einen Brief von der Stadtverwaltung bekommen.
Преподава́тели, испо́льзующие э́ту грамма́тику, мо́гут спать споко́йно.	Dozenten, die diese Grammatik verwenden, können ruhig schlafen.

9.6.2 Partizip Präteritum Aktiv

Das Partizip Präteritum Aktiv wird von der maskulinen Form perfektiver und imperfektiver Verben abgeleitet. Der Auslaut -л wird durch -вш- + Adjektivendung ersetzt:

Infinitiv	Präteritum maskulin	Partizip Präteritum Aktiv	Deutsch
поки́нуть	поки́нул	поки́ну**вшая** ро́дину актри́са	die Schauspielerin die ihre Heimat verließ (verlassen hat, hatte)
		поки́ну**вший** ро́дину писа́тель	der Schriftsteller, der seine Heimat verließ (verlassen hat, hatte)
		поки́ну**вшие** ро́дину лю́ди	Menschen, die ihre Heimat verließen (verlassen haben, hatten)

⚜ Unregelmäßige Bildungen:

идти́   ше́дший
нести́   нёсший
расти́   ро́сший

Die unregelmäßige Bildung betrifft ebenso die von идти, нести u. a. abgeleiteten Verben wie z. B. прийти́ – прише́дший, перене́сти – перенёсший, usw.

Das Partizip Präteritum Aktiv wird wie ein auf Zischlaut auslautendes Adjektiv dekliniert (➜ Kap. 5.1.4). Es wird als Attribut verwendet:

Прие́хавшие из Пи́тера друзья́ остава́лись у нас три неде́ли.   Unsere Freunde, die aus St. Petersburg gekommen waren, blieben drei Wochen bei uns.

Тури́сты, посети́вшие рестора́н, бы́ли в ужа́се.   Die Touristen, die das Restaurant besucht hatten, waren entsetzt.

9.6.3 Partizip Präsens Passiv

Das Partizip Präsens Passiv wird von der 1. Person Plural imperfektiver transitiver Verben gebildet. An die Personalendung der 1. Person Plural werden Adjektivendungen angefügt:

Infinitiv	1. Pers. Pl.	Partizip Präsens Passiv	Deutsch
критикова́ть	критику́ем	критику́емая статья́ критику́емый посту́пок критику́емое де́йствие критику́емые поли́тики	der Artikel, der kritisiert wird die Tat, die kritisiert wird die Handlung, die kritisiert wird Politiker, die kritisiert werden

Das Partizip Präsens wird wie ein Adjektiv dekliniert und bildet Lang- und Kurzformen. Die Langformen werden attributiv verwendet und gehören der Schriftsprache an. Die Verwendung der prädikativ verwendeten Kurzformen ist äußerst selten.

9.6.4 Partizip Präteritum Passiv

Das Partizip Präteritum Passiv wird in seiner Kurz- und Langform häufig verwendet, und zwar sowohl in der Schrift- als auch in der Umgangssprache. Es wird in der Regel von perfektiven transitiven Verben gebildet. Man unterscheidet drei Bildungsarten:

– auf -нный, -нная, -нное, -нные, die die Infinitivendung -ть aller Verben auf -овать und einer großen Reihe von Verben auf -ать, -ять, -еть ersetzen:

Infinitiv	Partizip Präteritum Passiv Langform	Partizip Präteritum Passiv Kurzform
разрабо́тать ausarbeiten	разрабо́танный, -ая, -ое, -ые	разрабо́тан, -а, -о, -ы
прода́ть verkaufen	про́данный, -ая, -ое, -ые	про́дан, -а, -о, -ы
оправда́ть rechtfertigen	опра́вданный, -ая, -ое, -ые	опра́вдан, -а, -о, -ы

– auf -тый, -тая, -тое, -тые, die die Infinitivendung -ть einiger Verben auf auf -ать, -ять, -еть, der einsilbigen Verben auf -ить und aller Verben auf -уть, -ыть, -оть, -ереть ersetzen:

Infinitiv	Partizip Präteritum Passiv Langform	Partizip Präteritum Passiv Kurzform
нача́ть beginnen	на́чатый, -ая, -ое, -ые	на́чат, -а, -о, -ы
оде́ть anziehen	оде́тый, -ая, -ое, -ые	оде́т, -а, -о, -ы
заня́ть besetzen	за́нятый, -ая, -ое, -ые	за́нят, -а, -о, -ы

– auf -енный / -ённый, -енная / -ённая, -енное / -ённое, -енные / -ённые, die an den Präsensstamm der Verben der i-Konjugation sowie der Verben auf -зти, -сти, -зть, -сть, -чь angefügt werden:

Infinitiv	Partizip Präteritum Passiv Langform	Partizip Präteritum Passiv Kurzform
занести́ eintragen	занесённый, -ая, -ое, -ые	занесён, -а, -о, -ы
реши́ть entscheiden	решённый, -ая, -ое, -ые	решён, -а, -о, -ы
получи́ть erhalten	полу́ченный, -ая, -ое, -ые	полу́чен, -а, -о, -ы

– Die Langformen des Partizip Präteritum Passiv werden wie Adjektive dekliniert, die Kurzform wird prädikativ verwendet und ist nicht deklinierbar. Der Urheber der Handlung wird durch den Instrumental bezeichnet.

Kurzform

Ещё ничего́ не решено́.
Es ist noch nichts entschieden.

Пригово́р бу́дет вы́несен то́лько за́втра.
Das Urteil ergeht erst morgen.

Langform

Реше́ния, при́нятые судо́м, публику́ются.
Die vom Gericht getroffenen Entscheidungen werden veröffentlicht.

Про́тив реше́ний, при́нятых в после́дней инста́нции, ничего́ не поде́лаешь.
Gegen Entscheidungen, die in letzter Instanz getroffen werden, kann man nichts unternehmen.

9.7 Adverbialpartizipien

Im Russischen existieren zwei Adverbialpartizipien: der Gleichzeitigkeit und der Vorzeitigkeit. Sie sind unveränderlich und beziehen sich jeweils auf das Subjekt der Haupthandlung, die sich zu einer beliebigen Zeit ereignen kann.

9.7.1 Adverbialpartizip der Gleichzeitigkeit

Es wird von der 3. Person Plural imperfektiver Verben abgeleitet. Die Personalendung wird durch -я, nach Zischlauten durch -a ersetzt:

Infinitiv	3. Person Plural	Adverbialpartizip der Gleichzeitigkeit	Deutsch
рабо́тать лежа́ть	рабо́тают лежа́т	рабо́тая лёжа	arbeitend liegend

Durch das Adverbialpartizip der Gleichzeitigkeit wird eine gleichzeitig zur Haupthandlung verlaufende Handlung ausgedrückt:

Нельзя́ чита́ть лёжа. Man soll nicht im Liegen lesen.

По́сле премье́ры зри́тели Nach der Premiere applaudierte das
аплоди́ровали сто́я. Publikum stehend.

9.7.2 Adverbialpartizip der Vorzeitigkeit

Es wird vom Präteritum perfektiver Verben abgeleitet.
– Lautet der Stammauslaut im Präteritum auf einen Vokal, so wird -в angefügt:

Infinitiv	Präteritum	Adverbialpartizip der Vorzeitigkeit	Deutsch
разрабо́тать	разрабо́тал	разрабо́тав	nach der Ausarbei-tung

– Lautet der Stammauslaut im Präteritum auf einen Konsonanten, so erfolgt die Ableitung im modernen Russisch vom Stamm des einfachen Futurs, indem die Suffixe -а / -я an den Stamm angehängt werden:

Infinitiv	Präteritum	einfaches Futur	Adverbialpartizip der Vorzeitigkeit	Deutsch
перенести́	перенёс	перенесу́т	перенеся́	nach der Ver-legung

Das Adverbialpartizip der Vorzeitigkeit drückt eine Handlung aus, die sich vor der Handlung des Hauptsatzes ereignet hat:

Разрабо́тав план, архите́кторы Nach Ausarbeitung des Plans
начина́ют догова́риваться со setzen sich die Architekten mit
строи́тельной компа́нией. der Baufirma in Verbindung.

Перенеся́ заседа́ние на Nachdem die Abgeordneten die
понеде́льник, депута́ты Sitzung auf Montag verlegt hat-
уе́хали домо́й. ten, fuhren sie nach Hause.

10 Предлоги – Präpositionen

10.1 Rektion nach Präpositionen

Ähnlich wie im Deutschen gibt es im Russischen Präpositionen, die einen oder auch mehrere Kasus regieren.

10.1.1 Präpositionen mit Genitiv

без / бе́зо	ohne	и́з-под	unter ... hervor
близ	in der Nähe	кро́ме	außer
ввиду́	angesichts	ми́мо	an ... vorbei
вдоль	entlang, längs	насчёт	hinsichtlich
в ка́честве	als	о́коло	neben; circa
вме́сто	anstatt, anstelle	от	von
вне	außerhalb	относи́тельно	hinsichtlich
внутри́	innerhalb	пове́рх	über
во вре́мя	während	по́дле	neben
во́зле	neben	позади́	hinter
вокру́г	um ... herum	поми́мо	neben (zeitlich)
в отли́чие от	im Unterschied zu	по́сле	nach (zeitlich)
впереди́	vor	посреди́	mitten in
в результа́те	infolge	про́тив	gegen
всле́дствие	infolge	ра́ди	um ... willen
в тече́ние	innerhalb, während	сверх	über (mehr als)
для	für	свы́ше	über (mehr als)
до	bis (räumlich); bis, vor (zeitlich)	среди́	mitten in, unter
из / и́зо	aus, von	с по́мощью	mittels, mit
из-за	hinter ... hervor, wegen	у	bei

10.1.2 Präpositionen mit Dativ

благодаря́	dank	к / ко	zu
вопреки́	entgegen (einer Behauptung)	напереко́р	zum Trotz
вслед	hinter ... her	согла́сно	gemäß, laut

10.1.3 Präpositionen mit Akkusativ

несмотря́ на	trotz	спустя́	nach (nach Ablauf von)
про	über, von (etwas erzählen)	че́рез	durch, über (räumlich); nach, in (zeitlich)
сквозь	durch, hindurch		

10.1.4 Präpositionen mit Instrumental

над / на́до	über	пе́ред / пе́редо	vor
ме́жду	zwischen	по сравне́нию с / со	im Vergleich zu

10.1.5 Präpositionen mit Präpositiv

при	bei

10.1.6 Präpositionen mit Akkusativ oder Instrumental

за	Akkusativ	
hinter (wohin?)	зайти́ за гара́ж	hinter die Garage gehen
an (wohin?)	сесть за стол	sich an den Tisch setzen
	взять ребёнка зá руку	das Kind an die Hand nehmen
für	купи́ть за де́сять рубле́й	etwas für zehn Rubel kaufen
	боро́ться за запреще́ние мин	für das Verbot von Landminen kämpfen
in, während	сде́лать чтó-либо за не́сколько часо́в	etwas in einigen Stunden machen

за	Instrumental	
hinter (wo?)	стоя́ть за гаражо́м	hinter der Garage stehen
an (wo?)	сиде́ть за столо́м	am Tisch sitzen
außerhalb (wo?)	быть зá городом	auf dem Lande sein (außerhalb der Stadt)
Zweckangabe	пойти́ за хле́бом / сле́сарем	Brot / den Schlosser holen

под / пóдо	Akkusativ	
unter (wohin?)	поста́вить чтó-либо под крова́ть	etwas unters Bett stellen
gegen (zeitlich)	прийти́ из дискотéки под у́тро	gegen Morgen aus der Diskothek kommen

под / пóдо	Instrumental	
unter (wo?)	лежа́ть под одея́лом	unter einer Decke liegen
bei (in der Nähe von)	жить под Владивостóком	bei Wladiwostok wohnen

10.1.7 Präpositionen mit Akkusativ oder Präpositiv

в / во	Akkusativ	
in (wohin?)	пойти́ в магази́н	ins Geschäft gehen
nach (wohin?)	поéхать в Пари́ж	nach Paris fahren
um, an (zeitlich)	в два часá в пя́тницу	am Freitag um zwei Uhr

в / во	Präpositiv	
in (wo?)	купи́ть чтó-либо в магази́не	etwas im Geschäft kaufen
in (zeitlich)	в двухты́сячном году́	im Jahr 2000

o / oб / óбо	Akkusativ	
an, gegen (räumlich)	уда́риться головóй о дверь	sich den Kopf an der Tür stoßen

o / oб / óбо	Präpositiv	
über, von	разгова́ривать о чём-либо	über / von etwas sprechen

10.1.8 Präpositionen mit drei verschiedenen Kasus

по	Dativ	
(räumlich)	идти́ по у́лице	die Straße entlang gehen
	ходи́ть по магази́нам	Geschäfte aufsuchen
	е́хать по мосту́	über die Brücke fahren
	по фа́ксу, по по́чте, по телефóну, по электрóнной по́чте, по теле-ви́зору, по ра́дио	per Fax, per Post, per Telefon, per E-mail, im Fernsehen, im Radio
(zeitlich)	по утра́м, по сре́дам	morgens, mittwochs
laut	по закóну	laut Gesetz
bezüglich	спра́вочник по эконóмике	Wirtschaftslexikon
wegen	по боле́зни	wegen Krankheit

по	Akkusativ	
bis (räumlich)	по пя́тую страни́цу	bis Seite fünf
bis (zeitlich)	с пе́рвого по тре́тье сентября́	vom 1. bis zum 3. September

по	Präpositiv	
nach (zeitlich)	по истече́нии срóка	nach Ablauf der Frist

с / со	Genitiv	
von (räumlich)	придти́ с рабóты, с вокза́ла	von der Arbeit, vom Bahnhof kommen
aus (räumlich)	взять чтó-либо с пóлки	etwas aus dem Regal nehmen
von (zeitlich)	со сре́ды по суббóту	vom Mittwoch bis Samstag
	с пе́рвого до тре́тьего сентября́	vom 1. bis zum 3. September

с / со	Akkusativ	
so ... wie, etwa	быть рóстом с кóго-либо	so groß wie jemand sein

с / со	**Instrumental**	
мит	обе́дать с ке́м-либо	mit jemandem zu Mittag
		essen

10.2 Präpositionen mit angehängtem -о

Die auf einen Konsonanten auslautenden Präpositionen без, в, из, к, над, от, пе́ред, под, с können mit angehängtem -о auftreten, wenn das nachfolgende Substantiv oder Pronomen im Anlaut zwei aufeinanderfolgende Konsonanten aufweist, unter anderem in folgenden Kombinationen:

во	steht vor	в/ф:	во вто́рник, во Фра́нкфурте
со	steht vor	з/с:	со значко́м, со спо́нсором
во, ко, на́до,			
пе́редо, по́до, со	stehen vor	мн:	со мной, во мно́гих слу́чаях
бе́зо	nur vor		всех, вся́ких

§ Man muss allerdings beachten, dass sich viele Wortkombinationen, die aus Präposition und Substantiv bestehen, traditionell herausgebildet haben und keinen Regeln unterliegen:

во двор, со двора́ in den Hof, aus dem Hof

Aber: в дверь, с две́рью in die Tür, mit der Tür

10.3 Die Präpositionen о / об / о́бо

Die Präposition о hat vor allen Vokalen die Form об:

об исто́рии, об учёбе über die Geschichte, über das Lernen

Vor einigen Wörtern hat sie die Form о́бо:

о́бо всём, о́бо мне, über alles, über mich, an etwas
 о́бо что

11   Союзы – Konjunktionen

Wie im Deutschen verbinden Konjunktionen im Russischen entweder Satzglieder innerhalb eines Satzes:

Са́ша и Ма́ша е́дут в о́тпуск.   Sascha und Mascha fahren in Urlaub.

oder Sätze miteinander:

Биле́ты ку́плены, и чемода́ны со́браны.   Die Tickets sind gekauft und die Koffer gepackt.

Im Russischen haben Konjunktionen im Unterschied zum Deutschen keinen Einfluß auf die Wortstellung im Nebensatz.
Nachfolgend finden Sie eine Übersicht über die wichtigsten russischen Konjunktionen.

а

У Са́ши оди́н чемода́н, а у Ма́ши два.

und (weist auf einen Gegensatz hin)

Sascha hat einen Koffer und Mascha zwei.

а

Они́ е́дут не в Крым, а на Кипр.

sondern

Sie fahren nicht auf die Krim, sondern nach Zypern.

но

Самолёт улета́ет в де́сять часо́в, но регистра́ция пассажи́ров начина́ется уже в во́семь.

aber, jedoch

Das Flugzeug fliegt um zehn Uhr ab, der Check-in beginnt jedoch bereits um acht.

и́ли

На вокза́л они́ пое́дут на такси́ или на авто́бусе.

oder

Zum Bahnhof fahren sie entweder mit dem Taxi oder mit dem Bus.

и́ли ..., и́ли
Самолёты на Кипр улета́ют
  и́ли у́тром, и́ли ве́чером.

entweder ... oder
Die Flugzeuge nach Zypern flie-
  gen entweder morgens oder
  abends.

ни ..., ни
Са́ша не берёт с собо́й ни
  ко́шки, ни попуга́я.

weder ... noch
Sascha nimmt weder die Katze
  noch den Papagei mit.

не то́лько ..., но́ и
Они́ заброни́ровали не то́лько
  рейс, но и гости́ницу.

nicht nur ..., sondern auch
Sie haben nicht nur den Flug, sondern auch das Hotel gebucht.

потому́ что
Ко́шка оби́делась, потому́ что
  не лю́бит остава́ться одна́
  до́ма.

weil
Die Katze ist beleidigt, weil sie
  nicht gerne alleine zu Hause
  bleibt.

та́к как
Попуга́й оби́делся ещё бо́льше,
  та́к как он постоя́нно
  нужда́ется в о́бществе.

weil
Der Papagei ist noch mehr beleidigt, weil er ständig Gesell-
  schaft braucht.

что́бы
Что́бы ко́шка и попуга́й не
  скуча́ли, Са́ша и Ма́ша
  попроси́ли тётю Мару́сю
  позабо́титься о них.

damit
Damit es der Katze und dem Papagei nicht langweilig wird,
  haben Sascha und Mascha
  Tante Marusja gebeten, sich
  um sie zu kümmern.

что
Тётя Мару́ся обеща́ла, что
  она́ ещё бу́дет полива́ть
  цветы́.

dass
Tante Marusja hat versprochen,
  dass sie auch die Blumen gießt.

для того́ что́бы
Для того́ что́бы купа́ться в
  Средизе́мном мо́ре, на́ши
  знако́мые взя́ли с собо́й
  купа́льники и полоте́нца.

um ... zu
Um im Mittelmeer zu baden,
  haben unsere Bekannten Bade-
  sachen und Handtücher mitge-
  nommen.

е́сли
Е́сли у них ко́нчатся
  нали́чные де́ньги, они́
  смо́гут испо́льзовать
  креди́тную ка́рточку.

wenn
Wenn ihnen das Bargeld ausgeht,
  können sie von ihrer Kreditkar-
  te Gebrauch machen.

когда́

Когда́ они́ прие́хали в аэропо́рт, самолёт уже́ был гото́в к отлёту.

als

Als sie am Flughafen ankamen, stand das Flugzeug schon zum Abflug bereit.

хотя́

Хотя́ во вре́мя полёта случи́лась гроза́, пассажи́ры самолёта ИЛ-86 чу́вствовали себя́ в безопа́сности.

obwohl

Obwohl es während des Flugs ein Gewitter gab, fühlten sich die Passagiere der Iljuschin 86 in Sicherheit.

до того́ как

До того́ как самолёт приземли́лся, Ма́ша прочита́ла несколько газе́т.

bevor

Bevor das Flugzeug landete, hatte Mascha einige Zeitungen durchgelesen.

по́сле того́ как

По́сле того́ как самолёт приземли́лся, стюарде́сса попроси́ла пассажи́ров остава́ться на свои́х места́х.

nachdem

Nachdem das Flugzeug gelandet war, bat die Stewardess die Passagiere, auf ihren Plätzen zu bleiben.

пре́жде чем

Пре́жде чем забра́ть свои́ чемода́ны, они́ прошли́ па́спортный контро́ль.

bevor

Bevor sie ihre Koffer abholten, gingen sie durch die Paßkontrolle.

в то вре́мя как

В то вре́мя как они́ загора́ют на пля́же, тётя Мару́ся уха́живает за ко́шкой, попуга́ем и цвета́ми.

während

Während sie am Strand in der Sonne liegen, kümmert sich Tante Marusja um die Katze, den Papagei und die Blumen.

12   Частицы – Partikeln

Die russischen Partikeln verleihen wie im Deutschen Wörtern oder
ganzen Sätzen Bedeutungsschattierungen.

12.1   Fragepartikeln: ли, ра́зве, неуже́ли

Поко́рмит ли тётя Мару́ся ко́шку?	Wird Tante Marusja die Katze füttern?
Ра́зве тётя Мару́ся ко́шку не корми́ла?	Hat Tante Marusja die Katze etwa nicht gefüttert?
Неуже́ли тётя Мару́ся ко́шку не корми́ла?	Hat etwa Tante Marusja die Katze tatsächlich nicht gefüttert?

12.2   Ausrufepartikeln: как, что за

Как она́ могла́ её забы́ть!	Wie konnte sie sie nur vergessen!
Что за безотве́тственность!	So eine Verantwortungslosigkeit!

12.3   Bekräftigende Partikeln: ведь, же, и, да́же

Ведь мы её об э́том попроси́ли.	Wir hatten sie doch darum gebeten.
Она́ же не сказа́ла, что сама́ уезжа́ет.	Sie hat uns ja nicht gesagt, dass sie selbst verreist.
Мы и де́ньги ей заплати́ли за э́то!	Wir haben ihr sogar Geld dafür bezahlt!
Мы ей да́же де́ньги заплати́ли за э́то!	Wir haben ihr sogar Geld dafür bezahlt!

12.4   Einschränkende Partikeln: то́лько, лишь

Она́ вернётся то́лько че́рез три неде́ли.	Sie kommt erst in drei Wochen zurück.
Она́ вернётся лишь че́рез три неде́ли.	Sie kommt erst in drei Wochen zurück.

13   Междометия – Interjektionen

Interjektionen geben Gefühle und Willensäußerungen wieder, ohne diese zu benennen:

На, держи́ су́мку!	Da, halt mal meine Tasche!
Фу, как здесь воня́ет!	Pfui, das stinkt hier!
Тс, дайте смотре́ть фильм.	Pst, ich will den Film sehen!
Увы́, он не пришёл.	Leider ist er nicht gekommen.

14   Синтаксис – Syntax

In diesem Kapitel finden Sie eine Übersicht über die wichtigsten syntaktischen Erscheinungen, die sich von der deutschen Syntax wesentlich unterscheiden.

14.1 Wortstellung

Im Russischen ist die Wortstellung weitgehend frei. Das bedeutet, dass die einzelnen Satzglieder, zumindest theoretisch, an jeder beliebigen Stelle im Satz stehen können. Allerdings muss man beachten, dass die Bedeutung des Satzes u. a. von der Wortstellung abhängt und deswegen jede Veränderung der Wortstellung inhaltliche Verschiebungen mit sich bringt.

14.1.1 Wortstellung im Aussagesatz

In einem neutralen Aussagesatz sieht die Wortstellung folgendermaßen aus:

1. Subjekt + (2. Adverbialbestimmung) + 3. Prädikat (+ 4. Objekt im Dativ + 5. Objekt im Akkusativ):

1.	2.	3.	4.	5.	
Ве́тер	си́льно	ду́ет.			Der Wind weht stark.
Са́ша	бы́стро	достаёт	Ма́ше	плащ.	Sascha reicht Mascha schnell den Regenmantel.

Eine andere Reihenfolge der Satzglieder ist grundsätzlich möglich, allerdings kommt es dadurch zu einer Bedeutungsverschiebung. Satzglieder, die im Deutschen durch Anheben der Stimme betont werden (in den Beispielen unterstrichen), stehen dabei im Russischen am Satzende:

Са́ша даёт плащ Ма́ше.	Sascha gibt <u>Mascha</u> den Regenmantel.
Плащ Ма́ше даёт Са́ша.	<u>Sascha</u> gibt Mascha den Regenmantel.

14.1.2 Wortstellung im Fragesatz

14.1.2.1 Wortstellung im Fragesatz mit Fragewort

Fragesätze mit Fragewörtern haben in der Regel folgende Wortfolge:

– Mit einem Substantiv als Subjekt:

1. Fragewort + 2. Prädikat + 3. Subjekt (Substantiv):

1.	2.	3.	
Что	изуча́ет	твоя́ сестра́?	Was studiert deine Schwester?

– Mit einem Personalpronomen als Subjekt:

1. Fragewort + 2. Subjekt (Personalpronomen) + 3. Prädikat:

1.	2.	3.	
Что	она́	изуча́ет ?	Was studiert sie?

14.1.2.2 Wortstellung im Fragesatz ohne Fragewort

Die Wortstellung eines Fragesatzes ohne Fragewort unterscheidet sich im Russischen nicht von der eines Aussagesatzes. Der Satzteil, der erfragt wird, wird durch Anheben der Stimme betont (in den Beispielen unterstrichen). Ein weiterer wichtiger Unterschied zum deutschen Fragesatz besteht darin, dass sich die Stimme am Satzende nicht nach oben bewegt, sondern wie in einem Aussagesatz nach unten:

Ты ку<u>пи́л</u> хлеб?	Hast du das Brot ge<u>kauft</u>?

14.2 Sätze ohne grammatisches Subjekt

Sätze ohne grammatisches Subjekt sind im Russischen eine weitverbreitete Erscheinung, die in Abhängigkeit von der Konjugationsform des Verbs unterschiedliche Bedeutungen wiedergeben.

14.2.1 Unbestimmt-persönliche Sätze

Im Russischen besteht die Möglichkeit, deutsche Passivkonstruktionen, bzw. Sätze mit „man" als Subjekt durch unbestimmt-persönliche Sätze zum Ausdruck zu bringen. Die Verben stehen in der 3. Person

Plural, das grammatische Subjekt in Form eines Substantivs oder eines Personalpronomen fehlt:

Меня́ зову́т *3. pers pl* Влади́мир Петро́в.	Mein Name ist Wladimir Petrow.
В Москве́ мно́го стро́или *3. pers pl.*	In Moskau wurde viel gebaut.

14.2.2 Allgemein-persönliche Sätze

Deutsche Konstruktionen mit „man" als Subjekt, das durch ein allgemein-persönliches „du" ersetzt werden kann, können im Russischen durch in der Regel perfektive Verben in der 2. Person Singular und fehlendem grammatischem Subjekt wiedergegeben werden:

Ему́ ниче́м не помо́жешь *2. pers sg!*	Ihm kann man nicht helfen! Ihm kannst du nicht helfen!
К ней никогда́ не дозвони́шься *2. pers sg!*	Telefonisch kann man sie nie erreichen! Telefonisch kannst du sie nie erreichen!

14.2.3 Unpersönliche Sätze

14.2.3.1 Struktur und Bedeutung von unpersönlichen Sätzen

Unpersönliche Sätze sind Sätze ohne eine handelnde Person als reales Subjekt. Das Prädikat steht in unpersönlichen Sätzen in der 3. Person Neutrum Singular, ein grammatisches Subjekt fehlt:

Нам *dat* о́чень повезло́ *3. pers nt sg.*	Wir haben großes Glück gehabt.
Мне *dat* хо́лодно *3. pers nt sg.*	Mir ist kalt.
Ей *dat* стано́вится *3. pers sg* лу́чше.	Sie fühlt sich schon besser.
На сле́дующей неде́ле бу́дет *3. pers sg* тепле́е.	Nächste Woche wird es wärmer.

Wird in unpersönlichen Sätzen der Urheber der jeweiligen Handlung (das reale Subjekt) angegeben, so steht er immer im Instrumental:

Ко́шку прищеми́ло две́рью *inst.*	Die Katze wurde in der Tür eingeklemmt.

Кры́шу снесло́ урага́ном *inst.*	Das Dach wurde von einem Hurrikan abgetragen.

14.2.3.2 Unpersönliche Sätze mit нет, не́ было, не бу́дет

Das Nichtvorhandensein von etwas oder jemandem wird in russischen unpersönlichen Sätzen mit Hilfe von нет (im Präsens), не́ было (im Präteritum) und не бу́дет (im Futur) zum Ausdruck gebracht. Objekte der Negation stehen immer im Genitiv:

У нас нет соба́ки *gen.*	Wir haben keinen Hund.
Ра́ньше здесь не́ было ни одного́ магази́на *gen.*	Früher gab es hier kein einziges Geschäft.
В пя́тницу меня́ *gen* не бу́дет.	Ich bin am Freitag nicht da.

14.2.3.3 Unpersönliche modale Infinitivkonstruktionen

– Reflexivverben in der 3. Person Singular drücken in Sätzen ohne grammatisches Subjekt einen Umstand aus, der sich dem Willen des realen Subjekts entzieht (➜ Kap. 9.5 „Reflexivverben"). Das reale Subjekt steht bei dieser Konstruktion im Dativ:

Нам *dat* прихо́дится мно́го рабо́тать.	Wir müssen viel arbeiten.
Ребёнку *dat* хоте́лось спать.	Das Kind wollte schlafen.
Auch in persönlicher Form:	
Ребёнок хоте́л спать.	

– Zusammen mit einem Infinitiv werden auch eine Reihe von Modalwörtern verwendet wie z. B. мо́жно, нельзя́, возмо́жно, невозмо́жно, необходи́мо, на́до, не на́до, ну́жно, не ну́жно:

Мо́жно мне *dat* съесть соси́ску?	Darf (kann) ich das Würstchen essen?
По́сле инфа́ркта ему́ *dat* бо́льше нельзя́ есть свини́ну.	Nach seinem Herzinfarkt darf er kein Schweinefleisch mehr essen.
Э́ту ку́рицу вполне́ мо́жно / возмо́жно есть.	Dieses Hähnchen kann man durchaus essen.
Э́ту жёсткую отбивну́ю про́сто невозмо́жно есть!	Dieses zähe Kotelett kann man einfach nicht essen!
Э́ту не́жную осетри́ну про́сто необходи́мо/на́до/ну́жно съесть!	Diesen zarten Stör muss man einfach essen!
Э́ту говя́дину не на́до / не ну́жно есть.	Dieses Rindfleisch isst man lieber nicht.

Das Futur dieser Modalwörter wird durch das Hinzufügen von бу́дет und das Präteritum mit Hilfe von бы́ло gebildet. Бу́дет und бы́ло stehen unmittelbar nach dem Modalwort:

Futur

Ей на́до бу́дет сказа́ть об э́том. | Wir werden ihr das sagen müssen.

Präteritum

Э́того не́льзя бы́ло де́лать. | Das durfte man nicht tun.
| Das hätte man nicht tun dürfen.

– Prädikate können in unpersönlichen Sätzen auch aus einem infiniten Verb bestehen, das reale Subjekt steht in diesem Fall im Dativ:

Когда́ мне *dat* позвони́ть Вам? | Wann soll ich Sie anrufen?

Где мне *dat* пересе́сть? | Wo soll ich umsteigen?

Мне *dat* да́же и спроси́ть не́кого. | Ich habe ja nicht einmal jemanden, den ich fragen könnte.

14.2.3.4 Prädikatslose unpersönliche Sätze

In einigen unpersönlichen Sätzen wird das Prädikat ausgelassen, wenn das Verständnis des Satzes dadurch nicht beeinträchtigt wird:

Ско́лько Вам *dat* биле́тов? – Мне *dat* два биле́та, пожа́луйста. | Wie viele Karten möchten Sie? – Zwei Karten, bitte.

Ско́лько Вам *dat* лет? – Мне *dat* два́дцать во́семь. | Wie alt sind Sie? – Ich bin 28.

14.3 Die Verwendung der Verben есть, бу́дет, бы́ло mit der Präposition у in der Bedeutung „haben"

Das deutsche Verb „haben" wird im Russischen oft mit Hilfe des unveränderlichen Verbs есть (im Präsens) und der Verben бу́дет (im Futur) und бы́ло (im Präteritum) in Verbindung mit der Präposition у (+ Genitiv) zum Ausdruck gebracht.

Die Verben есть und бу́дет werden oft weggelassen:

У нас есть две возмо́жности. | Wir haben zwei Möglichkeiten.

Oder:

У нас две возмо́жности.

За́втра у меня́ (бу́дет) экза́мен. | Morgen habe ich eine Prüfung.

У сосе́да ра́ньше была́ маши́на. | Unser Nachbar hatte früher ein Auto.

§ Sollen Personen oder Gegenstände in Bezug auf ihre äußere Erscheinung oder inneren Qualitäten charakterisiert werden, muss im Präsens есть weggelassen werden:

У Ми́ши ка́рие глаза́.	Mischa hat braune Augen.
У Ма́ши на́сморк.	Mascha hat Schnupfen.
У „Жигуле́й“ эконо́мичный двѝгатель.	Der Lada hat einen sparsamen Motor.

Falsch: У Ми́ши есть ка́рие глаза́.

14.4 Negation

14.4.1 Negation mit не und нет

Mit der Negationspartikel не können im Russischen sämtliche Satzglieder verneint werden. Die Partikel не steht immer vor dem zu verneinenden Satzglied:

Он ещё не хо́дит в шко́лу.	Er geht noch nicht zur Schule.
Он хо́дит не в шко́лу, а в де́тский сад.	Er geht nicht zur Schule, sondern in den Kindergarten.

Nach einem den Akkusativ regierenden verneinten Verb kann das abhängige Objekt sowohl im Akkusativ als auch im Genitiv stehen:

Мы ещё не купи́ли но́вый при́нтер *akk*.

Oder:

Мы ещё не купи́ли но́вого при́нтера *gen*.	Wir haben noch keinen neuen Drucker gekauft.

– Zur Verneinung mit нет → Kap. 14.2.3.2 „Unpersönliche Sätze mit нет, не́ было, не бу́дет".

14.4.2 Doppelte Negation mit ни- / ни

– Wenn im Satz ein Negationspronomen mit ни- verwendet wird, dann muss unbedingt auch das Verb verneint werden. Nach einem den Akkusativ regierenden Verb sowie nach нет steht das abhängige Negationspronomen immer im Genitiv:

Он <u>ничего́</u> *gen* <u>не</u> купи́л.	Er hat nichts gekauft.
Там ведь <u>нет</u> <u>ничего́</u> интере́сного *gen*.	Dort gibt es nämlich nichts Interessantes.
На дискоте́ке она́ <u>ни</u> с кем *inst* <u>не</u> познако́милась.	In der Disko hat sie niemanden kennengelernt.

– Die doppelte Verneinung gilt auch bei der Verwendung der verstärkenden Negationspartikel ни vor anderen Wortarten:

Там ведь <u>не́</u> было <u>ни</u> еди́ного челове́ка.	Es war nämlich kein Mensch da.

14.4.3 Doppelte Negation mit zwei не

Eine doppelte Negation durch die zweifache Verwendung von не hebt die Verneinung auf:

Мы <u>не</u> могли́ <u>не</u> сказа́ть   Wir mussten es dir unbedingt
  тебе́ об э́том.   sagen.
<u>Нельзя́</u> <u>не</u> заме́тить, что...   Es ist nicht zu übersehen, dass...

Stichwortregister

Die Zahlen im Register beziehen sich auf die Kapitelnumerierung, nach dem Komma auf die Seite. Das Register beinhaltet auch die wichtigsten russischen Stichwörter.